デジタル戦争の真実

Kamiya sohei
神谷宗幣

青林堂

はじめに

世の中のデジタル化が進む今日、我々の生活は大きく変化しています。

スマホ1台あれば、地球の裏側の人とテレビ電話ができますし、何億人もの人々が閲覧するプラットフォームに自分の意見を発表したり、動画を投稿することも可能です。一日中、ゲームや映画を楽しむこともでき、アニメや音楽を作ることもでき、AIに仕事を委託することもできます。たった1台のスマホで、かつては数千万円くらいかけないとできなかったことが、容易にできるようになった、すごい時代を我々は生きています。

しかし、こうしたデジタル社会は便利さと同時にリスクも運んできました。SNSを使って、心を病んで自死してしまう人もいます。バーチャルの世界に入り込み過ぎ、リアルな現実社会で生活できなくなった人もいます。また、我々の個人情報がどこかの誰かに全て管理され、プライバシーが守られず、逆にデジタルに管理されるというリスクも生まれてきているのです。

本書では、こうしたデジタル社会の中で、我々の主権と自由を守っていくために必要な知識やその対策を最初に説明し、具体的事例として現在政府が進めるマイナンバーカードのリスクについて考えていきたいと思います。

その上でデジタル社会の背後に見え隠れするグローバリズムの弊害とそれが広がってきた背景にも触れていきます。そして最後に、デジタルの世界で取り扱われる情報に対するリテラシーを高めてもらうために「情報戦」の話も付け加えました。

過去の拙書にまとめたことの要約になる部分もありますが、「デジタル植民地」「グローバリズム」「情報戦」というバラバラのテーマを繋《つな》げて考えていただくことで、読者の皆さんに気づいてもらえることがあるのではないかと思っています。

目次

第2章　マイナンバーカードの危険性と将来性　79

第3章　日本を支配しようとするグローバリズム　105

第1章

海外勢力に支配されつつある日本のデジタル主権

世界中で展開されるデジタル争奪戦

現在、世界各国は「デジタル主権」の争奪戦を繰り広げています。

読者の皆さんは、「スプリンターネット」という言葉をご存知でしょうか。この言葉は、英語で「破片」を意味するスプリンター（splinter）とインターネット（internet）を組み合わせた造語で、政治的要因や宗教的要因によって、本来は自由な世界であるデジタルのインターネット空間が、国や地域間の圧力で分断される状態を指します。中国が1998年から開始している国家規模のネット検閲システム「グレートファイヤーウォール」などが代表例です。

インターネット技術が普及し始めた時期は、「世界は一つに繋がる」といったキーワードが盛んに唱えられていました。場所や時間に関係なくアクセス可能なインターネットを使用することで、世界中の人々が国や民族、宗教の垣根を越えて自由に交流するようになると予測されていたのです。

しかし、現在は、特定の国家や勢力が故意にインターネット空間をスプリンターネットの状態にすることで、自分たちにとって都合が良い情報圏を作り出そうとする傾向があります。

もともと、インターネットサービスは1990年代初頭にアメリカで開発された技術であり、アメリカと敵対関係にある国家や組織の立場からすれば、インターネットを使用すること自体がアメリカのプラットフォームの上に乗る形になります。つまり、セキュリティが強固な状態でなければ、インターネット上にアップした情報が全てアメリカに筒抜けになってしまうことになります。そのような理由から、インターネットの世界で独自の文化圏やフィールドを築こうとする動きが世界中で発生しているのです。

「ドワンゴ」の創業者・川上量生《のぶお》氏は、2015年に刊行した自著の中で、今後10年、20年のタイムスパンで見た場合、インターネット上に国境を作ろうとする動きが活発化するだろうと記しています。ガラス張りの状態では大切な情報を守れず、インターネット上でも自治区を作る必要があると予測したのです。

しかし、大半の日本人はインターネット上におけるセキュリティ意識を全く持っておらず、大抵の人はスプリンターネットという言葉すら知りません。日本人には、インターネット空間の中で自分たちの主権を守ろうという意識が存在しません。つまり、デジタル争奪戦のステージに立っているかすら怪しい面があります。

もともと、インターネット上でＷＥＢサイトを特定するための識別子のドメイン名や、アクセス元を識別するための一意の識別子であるＩＰアドレスなどのインターネット基盤資源は、以前はＩＣＡＮＮ（Internet Corporation for Assigned Names and Numbers）というアメリカで設立した非営利の公益法人が一元管理していました。ところが、事実上アメリカ一国で管理する状態が明らかとなり不公平だという意見が各国から湧き上がった結果、２０１６年より各国の代表が参画するようになり、基盤資源はグローバル（世界的）に管理されるようになりました。

世界中の国家や組織がインターネット空間に自治区を作り出そうとする中、日本が自分たちの領土をインターネット空間の中に築くことが叶わないとすれば、完全に「デジタル植民地」の状態になってしまいます。

具体的な例を挙げると、インターネットを活用する場合、ＯＳやアプリケーションのライセンス料、ＷＥＢサイトの広告スペースの取引や、クラウド・ソフトウェアの委託開発など、あらゆる費用がかかります。2014年の段階では、日本におけるインターネットサービス利用代の総額は2兆円程度でしたが、2023年時には約5・5兆円までに肥大化しました。インターネットサービスの大半が外国発であり、日本政府や多くの地方自治体が利用するクラウドサービスのサーバは、ほぼ100%がアメリカ製です。

単純に言えば、日本人がインターネットサービスを利用することで、5兆円以上のお金が海外に流出するのです。日本におけるインターネットサービスの利用規模は10年で2.5倍に拡大しました。この状態を放っておけば、今（2024年時）から10年後には、インターネットサービスの利用代が数十兆円規模に到達するかもしれません。

アメリカにデジタル主権を譲る日本の行政

現在、5社が日本政府や地方自治体の行政が使用するクラウドサービスを担当しています。企業名を羅列すると、Amazon、Google、Microsoft、Oracle、そして、「さくらインターネット」という日本の大阪市に本社を置く企業です。

アメリカの企業が４社に日本の企業が１社という形ですが、実際はＡｍａｚｏｎのクラウドサービスを利用している自治体が４３６、Ｇｏｏｇｌｅが８、Ｏｒａｃｌｅが20、Ｍｉｃｒｏｓｏｆｔが２であるのに対して、さくらインターネットのサービスを利用する自治体は０です（２０２４年10月31日時点）。

一応、日本企業も入れておかなくてはならないという配慮から、さくらインターネットも選択肢に加わっているのですが、結局、使っている自治体は０です。むしろ、現在の日本政府は、日本企業が開発したクラウドサービスを積極的に採用しようとはしておらず、アメリカ企業が産業を独占してしまうと違法という形になるので、建前で日本企業を選択肢に入れているに過ぎないのです。

しかし、前述のように、実際はさくらインターネットのサービスは全く使われておらず、日本の自治体のデジタル統治機能は、ほぼアメリカ企業に依存している状況になっています。

日本政府がクラウドサービスを担う日本企業を選ぶ際、当初は富士通が参加する予定でした。しかし、実際にはさくらインターネットが選ばれ、意図的に小規模のメーカーを参加させることで、各自治体に日本企業を利用するのを敬遠させるという狙いがあったのではないかと、各方面から指摘されています。

今後は、富士通がクラウドサービス事業に参加することも計画されていますが、現在は、各自治体が転用のような形で一律で外国のクラウドサービスを利用しているため、すでに構築したシステムを変更できないという理由から、今後、富士通のサービスが採用される可能性は非常に低いのです。

コラム DXの海外依存による主権侵害にどう向き合うか

「東京都で納税した都民の納税情報、病歴情報の委託業務やガバメントクラウドへの移行が中国共産党配下で行われている」と言ったら驚くでしょうか。このガバメントクラウドへの移行業務を落札したのは【東京都のマッチングアプリ問題】で有名となった株式会社グランドユニットです。代表者の龍慧子《りゅうけいこ》氏は中国籍で、北京・海淀区在住であり、北京吉優特軟件有限公司という会社でも董事長です。海淀区在住であり、中国の国家情報法によればいかなる組織も人民も、政府の要求があれば全てのデータを渡すことになっています。

そもそもガバメントクラウドのメインとなっているＡｍａｚｏｎはＮＳＡの元局長を取締役に迎え、米国諜報機関のＣＩＡと契約を結んでいることが公になっています。つまり我が国の国民の情報の生殺与奪の権は米国諜報機関の配下に献上されていることになります。日本国内に取り戻そうにも日米デジタル協定によりそのような要求はできないことになっています。これはトランプ政権下で成立したことも忘れてはなりません。自国第一主義においては守ろうとしないものが奪われるのが当然です。

さらに「国家公務員身分が外国の管理下になる」計画が目下進行中です。これも中国共産党とアメリカの管理下で進められることとなっており、杜撰な委託管理体制や安全保障意識の低さから主権が侵害されることに繫がっています。

ＤＸの旗印の下、クラウドへの移行が進められますが、そこでメリットとされる内容も非常に怪しいと私は思います。

まずメリットとして挙げられるのがクラウド導入によるコスト削減ですが本当にそうで

しょうか。機器の購入や廃棄のコストが一見なくなって見えますが、サービスの利用料に一緒くたにされただけです。給食の無償化同様、その時点で見えなくなっただけで、むしろ後払いにする分高めな設定です。

コスト削減に繋がるのはスタートアップのような試してはやめを繰り返す場合や、信用が少なく初期資金がない場合などです。

公共投資の場合、計画通りかっちり構築し、最初からまとまったお金を使える状況にあるので、初期からしっかり投資できることでコスト削減が実現します。

標準化・共通化もメリットとして掲げられていましたが、地域に寄り添う話、地域の個性を活かす話はどこに行ったのでしょうか。東京ですらクラウドエンジニアの人員を確保することが大変なのに、地方には十分な数のクラウドエンジニアがいて「標準的な」運用が可能な体制を持っているのでしょうか。または、現場の状況を現場からクラウドエンジニアに正しく伝達可能な地方公務員が多数いるのでしょうか。

標準化・共通化は便益も共通化しますが、弱点も共通化します。つまり一つやられれば全てやられることになります。これ自体大きな問題ですが、スパイ防止法も事前のスクリーニングの制度も未整備なまま、我が国のDXを進めるデジタル庁は民間企業の優秀なエンジニアを迎えると言います。職員そのものには国家公務員法により日本国籍を有することが求められますが、協力会社はその限りではありません。

悪意を持ってやろうと思えば意図的に弱点を組み込むことも、協力会社にとっての利益誘導も可能であることは明白です。

売上税を言い換えて消費税、国民総背番号制を言い換えてマイナンバー、名前の張り替えの目的は国民に知られたくない事実が隠れているからです。それは主に主語目的語の関係にあります。売上税を消費税と言い換えるロジックもしかり、本当は政府の借方に入るお金を返すものと定義した国の借金もしかり、都合の悪い関係性を挿《す》げ替えることもしかり、政府が何か訴え出したら主語目的語の関係性や今までの話との整合性を確認する癖を付け、簡単には騙《だま》されない気運を国民の中に醸成する必要があります。

こうして政府も疑い検証される立場となった上で、徐々に主権をたぐり寄せてゆけば良いのです。冒頭でガバメントクラウドにある情報を国内サーバに取り戻すことはできないと言いましたが、対抗手段はあります。例えば我が国しかアクセスできない暗号鍵で暗号化してしまうことです。そうすれば我が国からしか有用でない読めない情報となってしまいます。このように知恵を出し、権力機構を野放しにしない知恵を身につけることで、これ以上のデジタル植民地化を止めることはもちろん、今後情報戦の強国としての歴史を切り開き真の我が国の独立を取り返すことに繋がると確信しています。

日本国民に対してサイバー攻撃を仕掛ける日本政府

インターネットを利用して情報端末に侵入して、システムの破壊やデータの窃取《せっしゅ》、改ざんを行うサイバー攻撃は、現在世界中で頻発しています。日本の人々がインターネット空間で主権を守るためには、サイバー攻撃をブロックする体制を整える必要があります。

一般的には、日本にサイバー攻撃を仕掛けている国は、中国、ロシア、北朝鮮、イランなどが中心と認識されていますが、2023年に日本国内にサイバー攻撃を行った回数が多い国のランキングを見ると、アメリカ、日本、フランス、イギリス、カナダ、6位でようやくロシア、ドイツ、中国、ルーマニア、シンガポールという順位になっています。

2023年	国	2022年
1位	アメリカ	1位 →
2位	日本	2位 →
3位	フランス	5位 ↑
4位	イギリス	7位 ↑
5位	カナダ	3位 ↓
6位	ロシア	6位 →
7位	ドイツ	4位 ↓
8位	中国	9位 ↑
9位	ルーマニア	10位 ↑
10位	シンガポール	14位 ↑

2024年7月～9月	国	前年同期比
1位	アメリカ	1位 →
2位	日本	2位 →
3位	イギリス	4位 ↑
4位	フランス	3位 ↓
5位	オーストラリア	8位 ↑
6位	ロシア	7位 ↑
7位	カナダ	6位 ↓
8位	中国	9位 ↑
9位	ドイツ	5位 ↓
10位	ブルガリア	14位 ↑

日本に対するサイバー攻撃が多い国のランキング
株式会社サイバーセキュリティクラウド
出典：
23年　1～12月（22年比較）
https://www.cscloud.co.jp/news/press/202403296894/
24年　7～9月
https://www.cscloud.co.jp/news/press/202410227554/

つまり、東側・旧社会主義諸国よりも、西側・民主主義諸国の方が、積極的に日本国内の情報を手に入れようとしているのです。

日本にサイバー攻撃を仕掛ける回数が多い国の1位がアメリカ、2位が日本という構造は、2023年度も同様で、特に23年に日本で使用されたX（Twitter）における投稿削除要請を最も多く行った組織は日本政府でした。

コロナワクチン開発直後に、当時のＴｗｉｔｔｅｒ社がワクチンに関する情報統制を行っているという噂《うわさ》が立ち、Ｔｗｉｔｔｅｒ社の社員がアメリカの国会の場に立ちました。その際、アメリカ政府の介入はあったかと問われたのですが、社員は「ありました」と事実を認めたのです。社員によると、アメリカ政府からの介入も多かったが、それ以上に外国の政府からの要請が多かったそうですが、調査の結果、Ｔｗｉｔｔｅｒ社に対してワクチンに対する不都合な情報の削除を最も多く依頼していたのは日本政府だったのです。一説には、日本国内のＴｗｉｔｔｅｒにアップされたワクチンに関する情報の43％は、日本政府によって削除されたと言われています。

つまり、自国民が使用するインターネット空間に日本政府が介入して削除依頼を行う例が多々あるのです。これは、日本がすでに外国のデジタル植民地化している証拠ではないでしょうか。

日本政府がサイバー攻撃を実行する理由は「自国民を管理するため」。自分たちが提唱した政策に従わせるために情報操作を実行しているのです。２０２４年11月の兵庫県知事選挙において、マスメディアの報道と全く違う情報がネットで拡散され、選挙の結果が左右されたことをもって、政府関係者もＳＮＳの情報の規制が必要だということを平気で発言していることもその例だと感じました。

日本に限らず、現在は世界各国の政府や組織がＳＮＳを利用した情報操作を行っています。２０１４年にロシア軍がウクライナのクリミア半島に侵攻した際は、ロシア政府が事前に情報操作を行ってロシア国民に侵攻を賛同させた上で、サイバー攻撃によってクリミアのセキュリティシステムを破壊したと言われています。クリミア側は、ロシア軍が侵入したことを認識していない状態で占領されたそうです。

公に報道されていない例を挙げると、アフリカの某国では、コロナ禍の時期に自国民に対してアメリカ製のＳＮＳの使用を一時的に禁止しました。その結果、アメリカ製のコロナワクチン使用反対派の政治家の多くが当選確実になったのですが、その内の数名が暗殺されて、ワクチン使用賛成派の政治家のみが当選する形になりました。数年前から、アメリカ国内ではワクチン使用に反対する運動家の多くが活動を止められています。

特定の国家や組織は、情報操作によって自分たちにとって都合が良い状態を生み出そうとします。

策略によって封印された画期的なデジタル技術

現在の日本のインターネット空間は、大本となるサーバを外国に握られている状態であり、SNSやアプリなど多くの人が共有するデジタル上のプラットフォームも開発されていません。その結果、国内外からサイバー攻撃を受ける一方という状態です。

デジタル戦略においては、完全に外国の後塵《こうじん》を拝している現在の日本ですが、過去には優秀な日本人技術者たちが画期的なデジタル技術を生み出していました。

一例を挙げると、リクルートの創業者である江副浩正《えぞえひろまさ》氏は、GoogleやAmazonに先駆けて、様々な情報をオンラインで共有する現在のクラウドサービスの原型のようなシステムを開設しようと準備を行っていました。すると、1988年に、いわゆるリクルート事件が発生して、リクルートから賄賂を受け取ったという容疑で多くの自民党所属の国会議員が失脚した結果、江副氏が提唱したサービスは立ち消えになってしまいました。

1984年には、坂村健というコンピュータ科学者が「BTRON」という高性能OSを開発しました。MicrosoftやAppleなど、当時のアメリカのコンピュータ会社が開発したOSは性能が低く、パソコンはマウス操作すら不可能だったのですが、BTRONはタッチパネル形式で稼働するなど遥かに先進的でした。さらには、コンピュータに使用する半導体に関しても、当時の日本の製造技術はアメリカを上回っていたのです。

日本のコンピュータ技術が世界的規格になるのを恐れたアメリカ政府は、自国のコンピュータを世界規格にするために、アメリカにとって不公正な貿易慣行を続ける国に対する制裁手続きを定める「通商法301条」を適用しました。アメリカから脅迫された日本政府や日本企業は、自国の高性能なコンピュータではなく、アメリカ製の性能が低いコンピュータを使わざるを得ない状態になりました。表層的にはアメリカの軍門に下った日本ですが、現在でもTRONは自動車のエンジンやカーナビゲーション、スマートフォンやデジタルカメラ、宇宙ロケットなど、様々な電子機器で使用されています。

2002年には、金子勇というソフトウェア研究者が、世界に先駆けて「P2P」という、サーバを介せずにユーザー同士が様々な情報のやり取りが可能となるシステムを使用した「Ｗｉｎｎｙ」というソフトをインターネット上に公開しました。Ｗｉｎｎｙ上では、ユーザー側が勝手に映画やテレビゲームなどのコンテンツを配信していたのですが、２００４年に金子氏は著作権違反幇助《ほうじょ》の容疑で警察に逮捕されました。

金子氏は自白誘導のように逮捕され、逮捕の理由を聞かされた金子氏は、コードをたった1行直せばＰ２Ｐのシステムの悪用を全て止めることができると、社会のために提言しましたが聞き入れられませんでした。獄中の金子氏は、コードを書きたくて仕方がないという状態で、代理人を立ててコードを完成させてくれと訴え続けていたそうです。当時の金子氏の心境を思うと胸が痛みます。金子氏は7年間拘束されて、無罪判決を受けた２年後の２０１３年に43歳の若さで急死してしまいました。「Ｗｉｎｎｙ事件」と呼ばれる一連の騒動は映像作品化されて、現在は各プラットフォームで配信されています。

Ｗｉｎｎｙ上にコンテンツが違法アップされていたのは事実ですが、現在はＹｏｕＴｕｂｅなど各動画サイトに著作権を無視した動画が大量にアップされているにも関わらず、動画サイト側は何の罰則も受けていません。Ｗｉｎｎｙ事件の流れは、「ＷｉｋｉＬｅａｋｓ」創業者のジュリアン・アサンジ氏の逮捕の顛末《てんまつ》と非常に似ています。

Ｗｉｋｉ Ｌｅａｋｓは、匿名のユーザーが隠蔽されている情報を密告するサイトで、その中には各国の政府の機密情報すら含まれていました。密告を行っているのは、あくまでユーザー側で、アサンジ氏はプラットフォームを設立したに過ぎません。法的には何の違反も犯していないにも関わらず、アサンジ氏は２０１０年に性的暴行の容疑でイギリス政府に突然逮捕されて、裁判も行われずに数年間監視状態となったのです。実際のアサンジ氏は罪を犯しておらず、裁判を行えば釈放せざるを得なくなるので、イギリス政府はアサンジ氏と司法取引を行い、軽微な罪を認めさせた上で拘留と相殺という形で釈放しました。

情報の隠蔽工作は、インターネット上で展開される仮想通貨の世界でも行われています。一例を挙げると、分散型の仮想通貨である「ビットコイン」利用者の口座情報は開設者側に開示されており、完全に暗号化されていません。そのため、仮想通貨のユーザーの暗号資産の取引をミキシングすることで取引履歴を匿名化することが可能な「トルネードキャッシュ」というサービスが開発されました。

しかし、トルネードキャッシュ開発者のアレクセイ・ペルツェフ氏は、アメリカ政府の標的にされて、マネーロンダリングの温床となるシステムの開発を幇助《ほうじょ》しているという罪で、5年4カ月の実刑判決を受けました。その後、トルネードキャッシュの運営会社は上場廃止を勧告された挙句に同サービスは使用禁止となりました。

仮に日本で画期的なデジタル技術が開発されたとしても、エンジニアが不当に逮捕されて技術が隠蔽される可能性があります。本来ならば日本政府が優れたエンジニアを保護するべきなのですが、民主主義国家では政府による個人の監視が認められていないために、これまで複数の人物が冤罪《えんざい》で逮捕されました。フレッシュな感性を必須とするエンジニアにとって、5年前後投獄されるというのは死活問題になります。

アメリカをはじめとする特定の国家は、自分たちにとって邪魔となるエンジニアを数多く封殺してきたのではないかと考えられるのは、こうした例がいくつもあるからです。

コラム　日本に芽生える希望と中高生発の国産WEBブラウザ

IT業界では優秀な人は大きな組織に迎合できない限り、そしてアメリカに手綱《たづな》を持たせない限り潰されることがままあり、存在をなるべく隠すのが賢い在り方であるというのが常識になっています。日本のIT業界で大きなことを為そうとすれば、アメリカなど大きな存在の配下にいない限り、圧力を受けます。圧力に楯突《たてつ》けば潰されます。

文中でも挙げたリクルート創業者である江副浩正氏は、1987年に後にAmazonの創業者となるジェフ・ベゾス氏の在籍していたファイテル社を買収、1988年に東京地検特捜部という、通常は警察が捜査、送検し検察官が起訴する分業がなされない特権機関による逮捕劇に遭いました。当時の証券界ではお世話になった人たちに公開前の株を渡すことが常識化しており、前例のない事態であったと言えます。

さらにリクルートの社史からも江副浩正氏の名前が抹消されました。曇りが少しでもあれば叩《たた》く、誰かが叩いていれば叩く。「誰が何を」は分かりやすいですが、同時に挿げ替えやすくウソが介入しやすいにも関わらず、メディアから入った最初の情報を鵜呑《うの》みにすることがずっと繰り返されてきました。しっかり歴史的経緯やお金の流れから理由を検証してほしいというのは正論ですが、その点において、今の時代の中高生の方が賢いのかもしれません。つまり叩くアタマが分からず、組織の外部から干渉可能なお金の繋がりを持たなければ簡単には潰せないのです。

Ｆｌｏｏｒｐ（フロープ）というＷＥＢブラウザを開発した、日本の学生コミュニティ「Ａｂｌａｚｅ」をご存知でしょうか。Ｆｌｏｏｒｐは日本発のブラウザとして日本の技術力を世界に示し、グローバル市場で競争力のあるブラウザを開発することを目標に掲げています。ＧＡＦＡＭ（Ｇｏｏｇｌｅ・Ａｐｐｌｅ・Ｆａｃｅｂｏｏｋ（Ｍｅｔａ）・Ａｍａｚｏｎ・Ｍｉｃｒｏｓｏｆｔの総称）に依存せず、広告系企業とも連携しない国産ＷＥＢブラウザを使用するだけで、デジタル主権やプライバシーが保護されます。ユーザーの追跡をせず、ユーザーのデータの販売もしないと明言するようにそのような機能自体がないことはソースコードが公開されていることから明らかです。

潰そうにもとっかかりがなく誰か一人のリーダーに依存することなく集団の和をもって強大な勢力に対抗していく、まさにこれからの時代に求められる組織と言えます。参政党もこのような時代を見据えた政党として、誰かに依存するのではなく、一人ひとりがお金や権力のためではなく、個々が心に持つ「まだ見ぬ世代に素晴らしい我が国を残そう」という思いで、同じ方向性を向いて一緒に活動しています。和の集団が希望の道を拓《ひら》けばますます続く者が現れ歴史に新たな可能性を兆すことに繋がります。

本文で紹介したＷｉｎｎｙ冤罪事件に巻き込まれた金子勇氏もただ潰されたわけではありません。金子勇氏のＷｉｎｎｙが仮想通貨技術やブロックチェーン技術の礎となったと言われる話をご存知でしょうか。実はＷｉｎｎｙは仮想通貨と仕組みに共通する部分が多いのです。ビットコインの発明者とされるサトシ・ナカモト氏が２００８年にインターネット上に発表した論文『ビットコイン：Ｐ２Ｐ電子通貨システム』は現在の暗号資産（仮想通貨）の概念を示したものです。そもそもビットコインを支える基幹技術はブロックチェーンであり、その屋台骨はＰ２Ｐ（Peer to Peer）と呼ばれる通信方式なのです。開発状況も開発言語も同じＣ＋＋、Ｗｉｎｄｏｗｓアプリであったことなどからサトシ・ナカモト＝金子勇氏という説が未《いま》だに噂されるほど共通点があります。直向《ひたむ》きに努力した結果が報われるのは生きている内とは限りません。しかし、先人の努力が実を結んだ今日を生きているからこそ我々も次の世代に向け希望を切り拓こうではありませんか。

サイバー攻撃を使った脅迫に屈する日本企業

上述のように、日本がデジタルの世界で優位になる可能性が生まれるたびに、外国の策略によって潰され続けてきました。外国による日本のデジタル産業に対する攻撃は現在進行形で続いており、2024年6月時には、ドワンゴが運営する動画サイト・ニコニコ動画がサイバー攻撃によって使用不可の状態となりました。

ニコニコ動画は、YouTubeなどの大手動画サイトに比べると、検閲を受ける機会が少なかったため、自由に情報を配信することが可能だったのですが、その結果、システムがダウンさせられてしまいました。特定の国家や組織がサイバー攻撃を行ったのではなく、システムをダウンさせたら懸賞金を支払うという内容のキャンペーンが秘密裏に行われた結果という説もあります。

通常、企業や組織がサイバー攻撃を受けると、再侵入を防ぐために新しいパスワードを設定した上でサーバを再起動します。それにも関わらず、再びハッカーの侵入を許して再攻撃を受けた場合、新しいパスワードは、何らかの形で漏れたということになります。

パスワードが漏れる要因としては、組織の内部に何かを仕掛けられているか、あるいは内部の人間の協力が絶対に必要となります。

ニコニコ動画（ドワンゴ）の母体であるKADOKAWAは、2024年6月にサイバー攻撃を受けて以降、本社を完全封鎖した上で社員全員を出社禁止にしています。しかし、本気でKADOKAWA側が本社機能の復旧を考えているならば、大勢のエンジニアを雇って復旧作業を行えば良いのです。そうすれば1カ月程度で復旧可能でしょう。サイバー攻撃を受けたとはいえ、社員に出社禁止を命じるというのは不自然です。内部犯を特定することすら不可能なほど、当時のKADOKAWA社内は混乱していたという証拠だと思います。今回のKADOKAWAに対するサイバー攻撃を実行したのは、ロシアのハッカー集団とされていますが、内部の協力者がいなければ、成立は不可能です。

サイバー攻撃によってKADOKAWAの本社機能が停止させられた一方、KADOKAWAが提供するユーザー向けのコンテンツは全く破壊されていません。KADOKAWA本社を脅迫してもハッカー側が得られる利益は数億円に過ぎず、KADOKAWAのプラットフォームからコンテンツを配信しているクリエイターたちを脅迫した方が多くの利益を得られるはずです。

例を挙げると、ＫＡＤＯＫＡＷＡのコンテンツのシステムを暗号化してクリエイターたちに使用料を求めれば、恒常的に利益を得ることができます。ＫＡＤＯＫＡＷＡは、今後は自社のコンテンツのプラットフォームをパブリッククラウド（クラウド機能を共同利用する形態）にすると発表したのですが、これは、ＫＡＤＯＫＡＷＡがサイバー攻撃を行う側の支配下に置かれることで許しを請うているような状態ということではないでしょうか。

以前、ニコニコ動画では、ＡＷＳ（Ａｍａｚｏｎ提供のクラウドサービス）設立以前に開発されたクラウドサービスが提供されていました。しかし、ドナルド・トランプ氏に関する投稿を削除しないという理由で、48時間以内に全てのデータをサーバアプリケーションごと消去されました。

通常、大衆向けのクラウドサービスを48時間以内に退避するというのは不可能であることは技術者であれば誰でも分かります。ニコニコ動画内のデータ量は膨大であるため、短時間で消去すると言われた場合、バックアップを開始しても絶対に間に合いません。ニコニコ動画のクラウド機能の消去は、ＫＡＤＯＫＡＷＡが、外国勢力による死亡宣告をいつでも受け入れざるを得ない状態になったという証拠だと推測します。

現在は、ＫＡＤＯＫＡＷＡに限らず、日本の大手企業の大半が外国勢力に生命線を掴《つか》まれている状態だと、私は考えています。

日本企業が外国の監視下から抜け出すためには、独自のサーバやクラウドサービスを開発する必要がありますが、誰かが開発を試みるたびに外国からの妨害が行われるという状態が繰り返されてきました。現在は、日本政府すら外国のクラウドサービスに依存している状態です。

そのような状態であるため、日本の大手企業は自社のＩＴサービスに使用する機器やサービスを選択できません。そのため、思い通りの戦略を立てられないのです。行き詰まりを感じた企業側は外部にコンサルティングを求めるのですが、日本の大手コンサル系企業の大半には外資系の息がかかっており、解決策として当然のように海外発のサービスを提供します。

２０２４年度の日本の上場企業は４０５２社（日本リサーチセンター調査）ですが、その内の70％程度の約２８００社に外資系が関連しています。大半の大手企業が外国発のサービスを使用しているため、中小企業や大企業の関連企業が独自のサービスを使用するのは、不可能な状態です。特にアメリカ企業は、アメリカ発のサービスを使用しなければ、グローバル展開が不可能と日本企業を脅迫し続けており、仮に日本発のサービスが実用段階に至ったとしても、強制的にアメリカ発のサービスが採用される形になります。

本来、日本企業が開発した世界基準のデジタルシステムは数多く存在するのですが、アメリカ側の圧力によって日の目を見ることはありません。もちろん、カラオケ事業の「エクシング」など、完全に内製化している産業では国産の規格が導入されているのですが、一般的な企業の大半はアメリカ発の規格を基準としており、GDPR（一般データ保護規則）のみがヨーロッパ発の規則という状態です。

ドイツは日本と同じく、国内のデジタル規格をアメリカに支配されている状態なのですが、ドイツの各自治体は、Microsoftが国内の多くの情報を吸い上げているという状態を受けて、警戒体制を取っています。

2024年8月現在、Microsoftの最新OSであるWindows11は、5秒間に1回の割合でスクリーンショットを撮影してMicrosoft本社に送信しています。つまり、現在は世界中の情報がリアルタイムでＭｉｃｒｏｓｏｆｔに送られています。

極論すれば、ＷｉｎｄｏｗｓをＯＳとするコンピュータの全てがランサムウェア（パソコンに保存されているデータを暗号化して使用不可の状態にした上で、データを復号するための対価を要求する不正システム）に感染している状態であり、世界中の人々がＭｉｃｒｏｓｏｆｔに監視されています。

ドイツの人々は、Ｍｉｃｒｏｓｏｆｔの創業者であるビル・ゲイツ氏の意向に逆らいながらＷｉｎｄｏｗｓを使っていると、二度と使用できなくなるほど支配されているという事実に気づいており、脱Ｍｉｃｒｏｓｏｆｔを図ってＬｉｎｕｘというＯＳを使用したオフィスソフトを開発して、自治体レベルで導入しています。仮にＷｉｎｄｏｗｓからデータの転送が不可能となっても、ＰＤＦなどを使用すれば、やり取りが可能となります。もちろん、国家単位で突然システムを変更すれば多くのトラブルが生じる可能性があるため、現在のドイツの自治体では、３万台ほどがＷｉｎｄｏｗｓからＬｉｎｕｘを使用したパソコンに置き換えられています。

ドイツのような防衛策は日本でも実行可能ですが、その萌芽すら生まれていないのが不思議です。

日本の有識者によって提唱された日本国民管理システム

そもそも、デジタルの世界における日本人の個人情報のプラットフォームすらアメリカ主導で作られてきた歴史が存在します。その歴史を、年表を追って説明します。

1967年10月、SONY創業者の井深大氏ら日本の各企業の役員や大学教授たちが「MIS使節団」を結成して訪米しました。当時の日本には、アメリカの企業がコンピュータシステムを使って経営状態を良化しているという評判が入っており、アメリカ側がコンピュータ情報を無料で教えるという内容のキャンペーンを実行していたのです。

当時の日本ではまだコンピュータは普及しておらず、SONYも国内規模の家電企業に過ぎませんでした。最先端のコンピュータ技術に興味を持つ人々がアメリカに招かれて接待を受けて帰国した翌年度から、日本では「コンピュータ白書」が刊行されるようになり、アメリカの意向が反映されたコンピュータの使用方法が人々に伝えられるようになりまし

いつ	何が	どのように影響
1967年10月	MIS使節団訪米	コンピュータ白書の発行を通じて米国の意向を提言し行政を牽引 行政の効率化、データソースの一元化▶マイナ制度の目的を推進することに
1970年～1973年	国民総背番号制	福田行政庁長官「世界の大勢を見て結論すべき」▶頓挫
1978年12月	納税者番号制	昭和54年度の税制改正に関する答申＞利子・配当所得の適正な把握のため制度が必要と意見
1980年～1985年	グリーンカード	所得税法の改正（グリーンカード制度）の小額貯蓄非課税制度を不正利用した資金が郵便局・金融機関から外国債に流出したことで反対運動が高まり廃止へ
1988年～1993年	納税者番号制	年金番号と住民基本台帳方式の2つの方式を検討
1994年～2003年	住基ネット 個人情報保護法	数多のプライバシー権侵害の訴えも最高裁の判決のお墨付きをもらうが、住基ネットの利用範囲は「住民基本台帳法」によって制限
2005年～2013年	マイナンバー	住民基本台帳報の改正につけ込まれるのを避けるため番号制度を追加 所得税法付則104条3項6号「納税者番号制度の導入の準備を含め、納税者の利便の向上及び課税の適正化を図ること」でアシスト 平成22年度税制大綱で社会保障・税共通番号制度（マイナンバー制度）を宣言
2015年～	改正マイナンバー	法改正を続け、19年には情報連携範囲を拡大、海外も利用可能に
2020年1月	日米デジタル協定（TPPの包括）	・デジタル製品への関税賦課の禁止 ・国境を越えるデータ（個人情報含む）の自由な転移 ・コンピューター関連設備を自国内に設置する要求の禁止 ・SNS等の双方向コンピューターサービスの提供者の損害責任からの免除

日本で計画された国民管理制度の年表
『マイナンバーから改憲へ』大塚英志（現代書館）より

た。

そして、コンピュータ白書が刊行された翌々年度に「国民総背番号制」などの日本政府主導による管理システムが提案されたのです。

現在は、ＭＩＳ使節団のメンバーの名前や社名、受け入れ側の外国企業名は全て公開されています。ＭＩＳ使節団に参加したメンバーを見ると、テレビなどメディアに関連した人物が多くを占めていることが分かります。おそらく、アメリカ側には自国のコンピュータ技術を日本で伝播《でんぱ》して欲しいという意図があったのでしょう。

日本政府による国民総背番号制の導入は、１９７０年辺りから3年間にわたって各界で議論され続けた歴史があり、漫画版『仮面ライダー』（石ノ森章太郎）の中でも取り沙汰されています。

漫画版『仮面ライダー』の中では、世界征服を企む悪の組織・ショッカーが国民を番号（コード）で管理しようとする日本政府の計画に乗じて、日本政府が開発を依頼した大型コンピュータを乗っ取ろうとします。作中では、ショッカーの行為を非難する仮面ライダーに対して、ショッカーの怪人が「おまえたちのえらんだ政府の計画をより完全なものにしてやろうという親切心からしたことだ」と、嘲笑するという風刺めいた描写が描かれています。現実には、国民総背番号制は人道的に問題があるという論調が湧き上がった結果、計画は立ち消えになりました。

国民総背番号の次に考案されたのが、納税者を対象にした管理システムです。アメリカのグリーンカード（永住権）を持つ人物は、世界のどの場所に在住していようとアメリカの課税対象になるのですが、日本でも所得税法を改正してグリーンカードにあたる制度を開設しようとする動きがあったのです。

もともと、日本には「少額貯蓄非課税制度」という350万円までの所得税を非課税に変えることが可能な制度が存在しており、以前から不正利用が大量に発生していました。日本政府は日本版グリーンカードを作成して納税制度を徹底化しようとしたのですが、この制度も不正利用が発生する可能性があるという意見が湧き上がり、導入が見送られました。

そして、2003年から導入されたのが「住基ネット」です。結婚すれば男女どちらかの苗字が変わり、引越しを行えば住所が変わるなど、住民の情報は頻繁に変化するのですが、情報の変更によって、消えた年金問題など様々なミスが発生した経緯が存在します。

これまで、行政側によって誤った住民情報を紐づけた書類が多く作られて、書類を扱うシステムを問題とした住民訴訟が数多く発生しました。中には最高裁判まで行われた例があります。その結果、限定された内容にはなりましたが、多くの住民の要望を受けて住基ネットというシステム自体は成立したのです。

２００９年に民主党政権が誕生した際は、一般公募によって名付けられた「マイナンバー制度」が自民党政権から引き継がれて、２０１３年に法律的に成立して、そこから２年後の２０１５年に運用開始しました。

住基ネットの適用によって地方自治体の住民に対する徴税が容易になったのですが、社会保障や災害時の保護に関しては地方自治体の権限は限られているため、日本政府が介入した結果、住基ネットの発展形である「マイナンバー制度」が考案されて、マイナンバーと住基ネット番号が並立する形になりました。

本来ならば、日本政府が国民の情報を把握するようなシステムは禁止するべきだったのですが、国民からの要望という抜け穴を使って機能を拡張することによってマイナンバーカードが誕生したのが2016年です。

ちなみに、マイナンバーカード自体はマイナンバー制度とは全く別の制度で、法的な制度は明確に適用されていません。日本政府は、国民の要望に応えてマイナンバーを提供しているとの見解を出しているのですが、その辺りの事情については後の項で詳しく説明します。

日本では誤解されているプライバシー意識

私たち日本人は、自分たちの国の政府や企業のデジタル主権が外国に奪われているという現状を正しく認識しておく必要があります。また、そのような状態になった原因が何か考えておく必要もあると思います。

デジタル主権を奪われているという認識が深まったら、次は防衛策を考えなくてはなりません。個人で行える防衛策としては、「プライバシー権」というものを正確に理解しておくことが挙げられます。プライバシー権の定義を完璧に把握しようとすれば、長大な時間がかかってしまいますが、自分なりに、プライバシー権とは何かということを掘り下げてみることを推奨します。

日本人の多くは、根本的にプライバシー権の意味を誤解している印象です。例を挙げると、現代の日本は、嘘《うそ》をつくことや捏造《ねつぞう》を行うことは駄目だが、事実ならば何を言っても良い、何を書いても良いという風潮が蔓延《まんえん》しています。

そのため、インターネット上には芸能人やスポーツ選手の公にされていない情報が数多く記載されており、プライベートの隠し撮りなどが後を絶ちません。本来、誰であれプライベート時に写真を隠し撮りするというのは人道的には許されない行為であり、ましてや、著名人がどこに住んでいる、誰と交際しているといった情報は、仮に実際に目撃したとしても他言する必要はないのですが、多くの日本人は、その辺りの事情に対する意識が非常に薄いのです。

参議院議員である私は、「超党派ネット社会におけるプライバシーの在り方を考える議員連盟」という議連に参加しているのですが、毎回芸能人やスポーツ選手が参加して、プライバシー保護を法制化してほしいという要望を聞いています。

一例を挙げると、サッカー日本代表としてW杯にも出場した伊東純也選手は、二人の女性と不適切な関係を持ったと週刊誌に報じられた結果、事実が不明瞭であったにもかかわらず、報道が行われて以降は日本代表から外される事態となってしまいました（24年8月9日に不起訴）。

サッカー選手はITエンジニアと同じく「旬の時期」が限られている職業ですから、仮に報道の影響で長期間試合出場禁止という状態になれば、選手生命が終了するかもしれません。一人の人間の人生に影響を与えかねない行為であるにも関わらず、メディアは自分たちの利益と話題作りのために人のプライベートを平気で暴露するのです。

日本のメディアが抵抗なく著名人のプライベートを暴露する一方、欧米のメディアがそのような行為を行う例は多くありません。スポーツ選手に対しては、プレーの内容を批判することはあっても、試合後のプライバシーについては言及しないのです。前述の伊東選手の場合、週刊誌の報道後も所属するフランスリーグのチームでは問題なく出場し続けています。政治家に対しても政治的発言、政策のミスや収賄は容赦なく批判する一方、男女関係などプライベートを糾弾することはほとんどないということです。

それに対して日本の場合、仕事上での問題とプライベート面での問題が同一視されているため、著名人のスキャンダルが発覚した場合、公に晒して村八分にしようとする風潮が存在します。個人のプライベート情報に関する理解が薄過ぎるというのは、現代の日本人が抱える大きな問題ですから、意識を変える必要があるでしょう。人にしたことはいつか自分にも返ってくる。自分のプライベートが晒されることを想像して、道理を考えていくべきです。

日本人のプライバシー意識の薄さは大きな弊害を招いています。地震や台風など大規模災害が起きた場合、仮設の避難所が設置されますが、大抵は段ボールで仕切りを作るなど簡素な作りです。緊急避難で一時的に使用するものならば問題はないのですが、復興作業が長引いた場合、冷暖房設備がなく会話が「ダダ漏れ」の場所で数週間を過ごす形になります。避難所でのプライバシーの守られない状態が、避難生活者のメンタルを傷つけることも多くありますし、性犯罪に繋がる事例も報告されています。

外国の避難所の場合、個別のテントを提供するなど、プライバシーを確保可能なものが一般的です。貧相な日本の避難所は、日本人のプライバシーに対する意識の低さを象徴しています。

杜撰な日本の個人情報保護制度

プライバシーを守るという点において、欧州には「一般データ保護規則（ＧＤＰＲ）」という個人のデータを保護するための規則があり、個人データの流用やプロファイリングから個人の権利と自由を守る規制があります。

プロファイリングは個人の特性を評価する行為ですから、詳細な個人情報を政府や企業に持たれては、個人の権利が守られないと考えているわけです。しかしながら日本にはこのような規則は存在せず、個人情報が流用されています。

日本における個人情報管理の杜撰《ずさん》さの例として、「リクナビ事件」が挙げられます。この事件の概要は、２０１９年に就活サイト・リクナビを利用した大学生たちの内定辞退率を、リクナビ側が本人の同意なしに予測して、有償で38社に提供していたというものです。

大学生の企業の閲覧履歴が全てリクナビの方に記録されていたため、リクナビ側は個人の面接数や内定率を分析した上で辞退率を推測していたのです。大学生の個人情報は採用に関わりますから、本人の許諾なく他社に情報を渡してはならないのですが、リクナビ側はデータ化して企業に売っていました。仮に日本にデータ保護の規定が存在したとすれば、リクナビ側の行為は全面的にアウトになったでしょう。

ＧＤＰＲは罰則が厳しく、企業が規定に反した場合、企業の年間売り上げの４％分か最大２０００万ユーロ（約32億６０００万円）の罰金が課せられます。例えば、個人が企業に対して個人情報のデータの消去を求めて、それを企業が拒否した場合、多額の罰金が発生するのです。仮に集団訴訟が発生したら企業は倒産確実になるため、要求には絶対に対応しなくてはならないという状況です。

欧州では、Ｇｏｏｇｌｅなどの超巨大企業に対しても莫大な制裁金をめぐる裁判が行われているため、最近では、日本企業が欧州に進出する際は個人情報に関して細心の注意を払っています。

個人情報を公開した企業を告訴して行政指導を与えても効果があるかは不明ですが、多額の罰金は直接的な効果となります。個人情報を本気で守ろうとして生まれた制度がＧＤ

ＰＲなのですが、日本には厳格なデータ保護規定は存在しません。そのため、日米デジタル貿易協定を締結してアメリカに日本のデータを無許可で移行可能という状態になっているのです。

前述のように、日本政府や地方自治体の大半はアメリカ製のクラウドを使用しているのですが、それによってアメリカに移行したデータ量をＧＤＰＲの基準に照らし合わせれば、国家が破産する規模の罰金が発生するでしょう。

情報移行に限らず、アメリカ製のクラウドを使用することで、行政側とエンジニア側によるトラブルが少なからず発生しているという噂は、日本のＩＴ業界の中では以前からささやかれているようですが、公に報道される機会はありません。残念ながら、トラブルがあったことを示す証拠を裏取りするのは大変困難です。

コラム 令和の日米修好通商条約「日米デジタル貿易協定」が日本のデジタル主権を根こそぎ奪いにくる

２０２０年１月１日に発行された日米デジタル貿易協定をご存知でしょうか。日米デジタル貿易協定では、自由で開放的なデータ移転を根拠にアメリカが日本に対し越境データ移転を制限しないことを求めています。さらに日本に対して、日本企業が自国で事業を行う条件として特定の国や地域にサーバを設置する義務を課す政策を取らないよう要求しています。つまり、ＧＡＦＡＭに代表される米国プラットフォーマーを優先しビックデータを際限なくビジネスに活用させるべく、データの自由な越境移転やサーバの現地設置禁止を盛り込んでいます。

これは正しく日米貿易摩擦時のスーパー３０１条を呼び起こさせます。市場開放を目的として日本の輸入制限、流通構造、商慣行が「市場参入の妨げ」と一方的に決めつけられ貿易不均衡是正のため米国が有利になるように国内市場改革を迫りました。そしてあまり知られていませんが、スーパー３０１条では翌年の１９８９年には、日本に対して追加で、スーパーコンピュータ、人工衛星、木材加工品の貿易を制限しています。政権のバックの利権を揺さぶることで将来の国益を潰させることを日本政府に選択させたわけです。日米デジタル貿易協定も知らず知らずの内に範囲を拡大し主権侵害が拡大する懸念があります。

スーパー301条は世界貿易機関（WTO）の一方的制裁措置発動の禁止に抵触するという話が国内外で上がると、1995年の日米自動車協議以降、この手の条項で圧力をかけることをやめ、それ以来鳴りを潜めていました。国内で関心を持つ人々が増え声を上げることで抑止がかかる可能性は、この日米デジタル貿易協定にもあるわけです。ただ日米デジタル貿易協定は、デジタルという分野が一般の人々から十分に分離されるのを見計らって再び不正な条項を押し付けにきているように見えます。日本の有識者と呼ばれる人々の中でも、「NTTを売却しても今は皆スマホで電話のインフラを使っていない」などという声が上がっていることをアメリカはよく見ています。デジタル知見を疑うような定期的な有識者の発言は、単純な無知ではなく、意図的に国民のレベルを観測されているのではと勘ぐりたくなります。

A　NTT法改正の狙いはデジタル通貨発行権限の米国への売り渡し

2024年4月17日「改正NTT法」が参議院本会議で可決されました。株を持ち続けていた方が永続的に配当金が1000億円オーバーで入ってくるため、防衛費の補填のためという理由は、収益性の観点からも、電柱や洞道、通信インフラなどの特別な資産への国まもりの防衛観点からも、論理が破綻しています。

これは別の観点、つまり「日米デジタル貿易協定」におけるデータローカライゼーションに関連する規制の撤廃要求とデジタル通貨の観点に焦点を当てると、何が狙いかが見えてきます。

CAFISという言葉は耳馴染《みみなじ》みがないかと思います。実は我が国の既存のクレジットカードやデビットカード、電子マネー、キャッシュレス決済の基幹システムは、CAFISというNTTデータが運用主体のシステムによって運用されています。このCAFISの運用主体がNTTデータである以上、NTT法（日本電信電話株式会社等に関する法律）が適用されます。NTT法ではNTTの活動範囲を規制し、日本国内の通信基盤を公正に運営することが目的となっていますが、日米デジタル貿易協定のデータローカライゼーションの禁止から、データが国内外を自由に移動できるようにすることが求められます。これに伴い、米国企業が日本市場への参入を試みる際、NTTの市場支配が障壁となることを懸念して、「データ流通の自由化」「公正な競争環境の確保」を要求し、その結果、米国に有利な市場として売り渡されることが目に見えています。２０２３年12月、自民党のプロジェクトチームは、ＮＴＴ法の廃止を含むＮＴＴの完全民営化を提言しており、そうなればＣＡＦＩＳが含まれます。さらに悪いニュースですが狙っているのは米国だけではありません。

Ｂ　令和の時代に「日米修好通商条約」の歴史再びか

日米デジタル貿易協定の「データの越境移転の自由化（第11条）」が結ばれたのと同様の内容がＲＣＥＰ協定第12、14条「越境情報移転の自由化」で結ばれ、さらに２０２３年10月28日に日本とＥＵの間でＥＰＡ（経済連携協定）「データの自由な流通に関する規定」が結ばれました。

そして、日米デジタル貿易協定の「サーバ現地設備の要求禁止（第12条）」が結ばれたのと同様の内容がＲＣＥＰ協定第12、15条「コンピューティング設備の現地設置の禁止」、日英包括的経済連携協定（ＥＰＡ）で結ばれています。

これはまるで「日米修好通商条約」をアメリカと結んだ途端、イギリス、フランス、オランダ、ロシアが押しかけてきて「安政の五カ国条約」となった歴史そのものです。安政の五カ国条約は、関税自主権を欠き、治外法権を認める不平等な条約でしたが、日米デジタル貿易協定ではサーバ設置自主権を欠き、治外にデータ共有を認めている令和の不平等条約です。

EUが少し違うように見えるかもしれませんがGDPR第45条に十分性認定があり「EUがその国に個人データを自由に移転できる」とあります。

戦争の評価が条約によって決まるとしたら、連合国に対する完全な敗戦です。日本国内の敗戦利得者たちにオウンゴールを決められたに等しい状況にあります。それでは民間の力で何とか状況改善できる機会はあるのでしょうか。結論からいうと現実的にはほぼ不可能な状態にあります。

2020年1月1日に日米デジタル貿易協定が発行されて1カ月も経たずして2020年1月29日に公示した調達仕様書案が出されました。それから2週間後の2020年2月12日の時点で「企業に調達仕様書案の意見を求めている段階だが、AWSを前提に設計することを明記した」と発表されました。LGBT理解促進法もそうですが、我が国にとって重要かつ議論が必要な事案ばかりが驚くほど拙速に進んでいます。日米デジタル貿易協定も審議は30時間程度でした。実はこの前年の2019年の内に設計・開発などの請負業務の一般競争入札について、米国アクセンチュアが落札しています。米国のSIerがどこのクラウドを使うかも判《わか》らないにも関わらず受託契約まで前年の内に進んでいるのは考えにくい話です。米国のクラウドを使うと判っていたと考えるのが自然でしょう。さらにアクセンチュアは、2018年に不透明なプライバシー情報の扱いの疑念のあるデータブローカーとしてプライバシー・インターナショナル（Privacy International）からデータ保護当局へ苦情が申し立てられている背景から、特に国家のデジタル主権に関わる情報を扱うには不適切な組織と言えます。基盤も開発も外資か外資の息のかかった企業ばかりです。せめて基盤だけでも我が国の企業を選択したいと思っても、これも難しい状況です。

国内企業にさくらサーバが入っているじゃないかとも言われますが、デジタル庁のガバメントクラウドの利用ガイドの、業務委託を受けた方向けのマニュアルには米国4社のガイドラインはあってもさくらサーバはありません。未だに100％米国の会社が政府・地方自治体のクラウドに採用され続けるのも頷けます。

C　国民が目覚め声を上げ政治を動かせば、今なら植民地化を止めるチャンスはある。

ここまでくると政治による改革なくして現状悪化を止める手段はありません。まずNTT法を止めねば財布を握られ、お金の流れを監視され身動きをとること自体が困難になります。中国で使用されている芝麻（ジーマ）信用では、スコアが低い人は電車の切符も買えません。この評価プラットフォームが2019年3月から稼働しておりデジタル通貨の世界となれば都合の悪い活動の芽は簡単に摘むことが可能になります。

目覚めたところでお先真っ暗じゃないかという声も聞こえてきそうですが、この流れを止めることができるという根拠を示しましょう。

実は日米デジタル貿易協定は日本からの通告後4カ月で終了することは可能です。不平等であり脱退も簡易にしながら日本政府が是正に向けた動きをしないということは国益のためではない何かのためにあえて動かなかった証拠ではないでしょうか。RCEPも通知が受領されてから180日後に、脱退は正式に発効します。WHOの脱退も通知だけでいいことはトランプ大統領が前期に示しています。

奇しくも日米デジタル貿易協定を結ばせたのはトランプ大統領です。トランプ大統領は日米デジタル貿易協定署名時に「4兆ドルの日本のデジタル市場を開放させた」と発言しています。トランプ大統領選出の祝辞に贈ったXのメッセージ通りですが、アメリカ第一主義は時に日本の国益ともぶつかりますから、我々参政党は日本第一主義を主張しつつも日米双方の利益になる新しいパートナーシップが築けるように日本側から発信していくとともに、トランプ氏も含めて世界の反グローバリズム勢力が連携できるように日本からも働きかけていきたいと思います。

来年はNTT法改正が議論され、トランプ大統領の再登板の時節となります。毎年言っているかも知れませんが早速勝負の年となります。逆にその勝負のタイミングでしか状況というのは大きく動きません。危機を「チャンス」と読み、良い歴史を後世に残せるよう、多くの人に伝え動いてもらうべく誰もが共感するレベルで深く学び行動し、至誠を尽くし我が国の主権を取り戻す歴史的な偉業を一緒に成し遂げていきましょう。

SNS・アプリの普及によって実行される情報漏洩と犯罪

もう一点、日本人が改善するべき点として、「SNSとの付き合い方を見直す」ことが挙げられます。

手軽に情報を発信・共有できる点から多くの人が利用するSNSですが、アプリケーションをダウンロードした段階で、本人や家族、知人の情報まで知られてしまうというのは認識しておくべきです。

SNSを利用している方ならご存知でしょうが、SNSアプリをダウンロードして使っていると、たまに「知り合いかも？」「○○さんも登録しました」といった通知が寄せられることがあります。つまり、SNSの運用側が利用者の交友関係を全て把握しているのです。その理由は、SNSのアプリに登録する段階で自分の詳細な情報を書き込む必要があるからです。要するにSNSの運用側は膨大な個人データ表を所持している状態で、登録者と情報を共有する人物がサービスを開始すると、自動的に通知を送るのが可能となります。

もともと、インターネットの開発には軍需産業が深く関わっており、監視システムのような側面を持ちます。２０１０年代初頭に発生した「アラブの春」は、ＳＮＳの投稿を発端としたイスラム系国家で発生した反政府運動であり、結果的に各国の独裁政権や軍事政権が転覆しましたが、この運動は、アメリカを中心とした西側諸国が自分たちと敵対するイスラム系政権を打倒するのを目的に仕掛けた策略という説があります。

２０２０年に新型コロナウイルスの世界的な蔓延によりコロナワクチンの接種が始まると、ワクチンのリスクを訴える投稿は、世界各国でフェイクニュースとして削除されました。

無料で無制限に情報が閲覧・投稿可能なＳＮＳですが、各社が同じサービスを提供している背景には、個人情報を統括して、マーケティングや監視に活用していると考えるのが自然ではないでしょうか。現在は多くの日本人がＳＮＳを長時間利用していますが、その時は「誰かに見られている」という意識を持つ方が良いでしょう。

ＳＮＳ以外にも個人情報が筒抜けにされるアプリは存在します。近年、ＧＰＳ情報でスマートフォンを持つ子供の位置情報を把握する「見守り系アプリ」が配信されていますが、見守り系アプリの普及以降、逆に子供の誘拐件数が増加していると言われています。

スマートフォンの普及以降、日本に限らず世界中で誘拐が多発しています。その中の一部には人間の肉体や臓器を販売する「人身売買」が含まれています。これは公には報道されていませんが、日本でも人身売買が行われており、しかも件数が年々増加しているようです。日本には高度な臓器のプロファイル（調査）装置が存在しており、臓器の鮮度が判別できるため、臓器売買ブローカーにとって、日本人の臓器は高評価という話も聞いたことがあります。

世界には、新鮮な臓器が高額で取引されて臓器移植手術が盛んに行われる地域が存在します。日本も蚊帳の外ではないのですが、多くの日本人はこうした情報をほとんど知りません。

具体例を挙げると、各国のセレブリティが寄付金を募って東南アジアの貧困地帯に学校を設立するケースがあります。一見、全て慈善事業に思えますが、中には学校設立の本当の目的は、臓器を提供する子供たちを管理するため、というものがあるのです。学校の関係者は貧困街に赴き、生活に困っている家族を見つけると、子供の臓器をお金で購入すると呼びかけるのです。

関係者が提示する金額は貧しい家族の年収の数倍であり、多くの親が自分たちの子供を売り物にします。子供たちを管理する施設は学校の体裁を取っているため、子供たちの家族構成が手に取るように把握できます。当然ながら、本当の慈善事業によって貧困地域に学校が設立される例もありますが、全てが正しい行為とは断言できません。

作家のカズオ・イシグロ氏が手がけた小説『わたしを離さないで』(早川書房)は、臓器売買のために生み出された少年少女を描いた内容ですが、小説のような出来事が現実に行われているのです。

皆さんは2024年に日本で公開された『サウンド・オブ・フリーダム』(アレハンドロ・モンテベルデ監督)という映画をご存知でしょうか。これは米国土安全保障省の捜査官が、性犯罪組織に誘拐された児童を追跡し救出するという内容の作品です。誘拐や人身売買は臓器売買だけが目的ではなく、性犯罪を目的としたものもあることが生々しく描かれています。

かつての欧米社会では奴隷制度があり、人身売買が行われていました。現在は人道的な観点から奴隷制度は認められていないわけですが、それでも人身売買の件数は人類史上最多となっているというデータもあります。そのターゲットを探す時にデジタル機器から流出する個人情報が利用されている可能性があることを我々は知っておくべきだと思います。

蛇足で少し付け加えますが、かつての奴隷売買は安い労働力を手に入れることが主な目的でしたが、現代では豊かな国に他国の移民を大量に流入させるというビジネスが誕生しました。移民たちの背後には、ブローカーのような人物や組織が存在し、移民と安い労働力を求める企業を斡旋《あっせん》して多額の利益を得ているのです。

日本の外国人労働者も同様、企業から依頼を受けたブローカーが利益を得るために、外国人の素性を誤魔化した上で日本に入国させるケースがあります。臓器売買の場合、人間の命を奪う行為であるため法的に認められることはありませんが、移民ビジネスは人道的な意味で認められやすいのです。現在は、ヒスパニック（中南米系移民）をアメリカに送るブローカーやアフリカ系移民を欧州に送るブローカーも数多く存在します。移民ビジネスは形を変えた奴隷制度という見方もできるのです。

コラム

『サウンド・オブ・フリーダム』で誘拐された子供たちの情報はどこから来たのか

皆さんは本文で紹介した『サウンド・オブ・フリーダム』という映画を観《み》ましたでしょうか。児童誘拐、人身売買、性的虐待といった国際的性犯罪をテーマとした作品でありながら、米興行収入1位を獲得するなど社会問題を取り扱った映画として異例のヒットを記録しました。映画の中で流される防犯カメラの動画が現実逃避しそうな視聴者を現実に引き戻させ、歴史上最悪の人身売買の時代が現代であり、奴隷貿易がされていた時代より現代の方がその件数が多いという現実を突き付けます。

人身売買の末端の犯人を捕まえたところで多くの子供たちは帰って来ず、次の犯罪もまた起きます。ドブネズミの発生に困っているからとせっせと駆除に勤しんだところで原因を断たないと問題解決にならないのと同じです。

組織やビジネスの末端の規模に関しては描かれていましたが、そもそも子供たちの情報はどこから集められたのか、その点については語られていませんでした。多くの点と点を結び付けないと情報はどこから来たのかという本質に辿《たど》り着けませんが根気強く付いて来てください。少し長くなります。

犯罪のターゲットの情報は昔ながらのローカルな収集方法とともに、デジタル分野のデータブローカーとイニシャルアクセスブローカーが存在感を増しています。

データブローカーは、表向きは企業や政府にマーケティング分析サービスや信用調査サービスを提供していますが、データブローカー同士がネットワークを形成することで、例え個人を特定する情報が含まれない情報だったとしても複数統合することで有用な情報を作れます。日本だと名簿屋というとイメージしやすいかもしれません。リストに書かれている電話番号に、電話をガチャ切りされた時間帯を記録するだけでその時間に自宅にいる番号という組み合わせの情報になり、訪問営業にとっては価値がある情報になります。これを遥《はる》かに大きな次元で行ったらどうなるでしょうか。データブローカーのアクシオムでは12分野750もの項目が収集分析され対象個人の世帯構成からライフスタイルや収入まで詳細分析が可能です。

一方、イニシャルアクセスブローカー（ＩＡＢ）は標的への不正アクセス手段を提供する組織です。

データブローカーにより価値があると分かった情報であれば、不正アクセス手段に関する情報も犯罪プラットフォームで十分な収益が得られます。

このため予算をかけたサイバー攻撃も近年多発しています。そして子供たちのデータはその中でも長い間悪用できる価値が高いデータであるため様々な方法で狙われるようになっています。

アメリカでは、２０２４年９月６日にボストン小児健康医師団（ＢＣＨＰ）がサイバー攻撃を受け、患者の社会保障番号、住所、医療記録、健康保険情報、請求詳細などの機密データが盗まれました。

日本国内では２０２４年１月に「公益財団法人埼玉県健康づくり事業団」のＸ線画像読影システムに対してサイバー攻撃があり、小中学校の児童生徒を含むＸ線画像（胸部、胃部、乳部）及び超音波画像（腹部、乳部）と画像に付帯する情報（氏名、年齢、生年月日、性別、過去の所見と判定、今回の所見と判定）など約94万人分が漏洩しました。

サイバー攻撃が増加するとともに不正アクセスに必要な情報の単価は下がり続けています。先日5700万件の被害があったUberの不正アクセスで使用されたSSOログインの情報は僅か20ドルであり犯罪者にとって敷居が低く「収益の良いビジネス」になってしまっている現状があります。

それでもサイバー攻撃のキャンペーンには知見のある人材とプラットフォーム、そして時間がかかります。そこで別のアプローチとして、リテラシーの低い人間を特定することでサイバー攻撃を行うより低コストで情報を大量に盗み出せる内部犯行が増加の一途を辿っています。

派遣やリモートなど働き方の多様化で、企業の対応やリテラシーの醸成が追いつかない状況が露呈すると途端に内部犯行のターゲットになります。

2014年のベネッセのように派遣社員が15回にも渡《わた》って約3500万件もの個人情報を盗取してデータブローカーに販売した件もしかり、山梨県市川三郷町の小学校に勤務する20代の男性教諭が、Twitter上で知り合った人物に児童29人分の個人情報を提供した事例もしかりです。

その上、児童・生徒の個人情報が適切に管理されていない結果、悪用のリスクに晒されている事例も近年増えてきています。

リクルートが提供する学習アプリ「スタディサプリ」を通じて、自治体が児童・生徒の個人情報を同社に直接取得・管理させていた事例があります。一部のデータは、保護者に十分な説明のないまま海外の事業者に委託されたり、一般向けアプリの機能改善に使用されたりしていることが判明しています。

また、東京都葛飾区立の小中学校で、クラウド環境構築を手掛けるネットワンシステムズが、ＩＤ連携システムに個人情報を混入させ、他の教育委員会などに流用した結果、約2万3508件の個人情報が漏洩した事例も報告されています。

様々な経路から大量のデータが集められているように見えますが、2018年1月、プライバシー・インターナショナル（Privacy International）は、データブローカー業界の不透明性と個人のプライバシー侵害のリスクに着目し、オラクルをはじめとする7社を対象に調査を行い、その結果をもとにデータ保護当局へ苦情を申し立てました。この申し立ては、ＥＵの一般データ保護規則（ＧＤＰＲ）を根拠にしており、調査対象企業の7社にはオラクル、アクセンチュア、クリテオ、エクスペリアン、アクシオム、Ｑｕａｎｔｃａｓｔ、Ｔａｐａｄが含まれており、（アクセンチュアはマイナンバーの中核システムの事業を請け負っている同団体でもあります）「これらの企業が個人のオンラインアクティビティやオフラインデータを収集・統合し、詳細な個人プロファイルを構築しているにもかかわらず、その過程で個人に対する通知や同意がない」ことが指摘されました。また、「データの収集目的や利用方法がＧＤＰＲの規定に反しているだけでなく、データの販売先や活用状況が極めて不透明で、責任の所在が曖昧である」点も問題視されました。調査報告書によれば、「データブローカー業界は、不透明かつ責任を負わない形で機能しており、違法なデータ利用が容易に行われている」とされており、収集されたデータの一部には個人を特定可能な情報も含まれていたとのことです。この申し立てを受け、各国のデータ保護当局が調査を開始し、一部の企業は収集・利用方法の見直しを余儀なくされましたが、問題は完全には解決されておらず、データ取引の透明性向上や規制の国際調整が今後の課題として残されています。この件は、データブローカー業界の構造的な問題を浮き彫りにしただけでなく、個人のデータ保護の在り方を問い直す重要な契機となったと言えるでしょう。

ここまでの情報では犯罪のターゲットの情報としては現実の顔や外観が分からず、いくら行動パターンやどのような誘惑に弱いか分かったところで犯罪に結び付けるのは難しいように思えます。

国家レベルの監視が当たり前になったきっかけは9・11事件です。テロの抑止という大義名分を得て国家が顔の情報を収集しプロファイルする道筋が実現したのです。そして、iPhoneのFaceIDなどビックテックが導入され一般化すると、あらゆる場所で顔の情報を収集される世界が当たり前となりました。

個人の好みや行動特性と姿かたちはサイバー空間上で結び付けられることが分かりました。最後は今どこにいるかです。これもビッグデータとして取引されています。オラクル社がユーザーのリアルタイムの位置情報をもとにマーケティングしていることが有名です。

これらを統合すると『サウンド・オブ・フリーダム』であったような子供の誘拐はデジタル化が進んだ社会では容易に成立することが分かります。データブローカーから、父子家庭であるなど家庭状況、子供がタレントを夢見ていてどのようなタイプが好みなのか、この時間帯にどこにいる可能性が高いのかなども含めたデータセットを、人身売買のブローカーが手に入れることは可能なのですから、デジタル主権を奪われた世界では子供を守ることは難しいでしょう。

また、行動特性から判断ミスを犯す耐性値は分析可能です。十分に情報が渡っている状態では判断ミスを犯させることは容易です。

データブローカーからの情報を用いてヒューマンファクタ分析をすることで特定の人物や集団に対するEFC（過誤強制状況）、つまり、その人の特性上判断ミスを起こしてしまう状況や条件を割り出せるのです。

私たちの心は、思っている以上に情報や環境に影響を受けやすいのです。その特性を悪用して、個人や社会全体を操ろうとする事件は現実に起きています。

中でも2017年、アメリカの大企業を狙った詐欺事件、通称「ピンクスリップ詐欺」事件は有名です。

従業員の心理的特性を悪用してエラーを誘発させ、機密情報や金銭を不正に取得するものです。模倣犯も現れ、企業はこの詐欺により数百万ドル単位の損害を被るケースが続出しました。

　詐欺者は、まずSNSや公開情報を通じて企業の従業員リストを収集し、経理担当者や情報管理者といった、業務上重要な役割を担う従業員を標的にします。

　集めた情報をもとに、ターゲットの性格や行動パターンを分析し、ストレス耐性が低い人や、指示に従いやすい傾向がある人物を抽出します。

　EFC（過誤強制状況）を作るためにヒューマンファクタ分析から、ターゲットに有効な社会的プレッシャーとミスを起こす環境、具体的には周囲に相談しにくく、独断で行動させる状況を作り出します。

　この時点で気づけなければそのターゲットが自然に振る舞うだけで判断ミスを起こし犯罪に加担させせれられたり、普段ではあり得ないミスを犯すことになるのです。

　まさにまな板の上の鯉です。ハッカーに情報を盗まれることは、ハッカーに人生を盗まれるということだと言われることがありますが、国家の支援を受けているハッカーに渡ってしまった場合、あながち大げさな表現とも言えません。

　我が国では巨大データブローカーへの法規制の状況はどうなっているのでしょうか。海外ではどのように対策されているのでしょうか。次はその辺りを見ていきましょう。

イギリスでは2021年9月にチルドレンズコードを導入し、18歳未満のユーザーがアクセスする営利目的のオンラインサービスに、「プロファイリングの禁止」や「影響評価の禁止」など15の基準を満たすことを課しています。

日本のこども家庭庁は本来であればこのような現状に対応する規制やルール作りを業界団体や各国団体と交渉しつつ推進する責任を果たすべきです。しかしこども家庭庁の政府広報で見られるのはフィルターやペアレンタルコントロールを親の責任で実施せよと発信するだけで諸外国に見られるような禁止規制を作る動きは見られていません。

EU各国では「個人情報の主権は個人に帰属すべし」とデジタル主権とプライバシー権に明確な意思を持って闘う姿勢を示しています。守ろうとしないものは奪われて当然と言われるデジタル空間の主権争いで我が国も確固たる意思を持つため、まずは実態を知り問題を結び付け、人に伝え啓蒙し仲間の輪を広げデジタル主権を守る体制を作ること、国民の声として国政の議論の場に出していくことが求められます。

マネーアプリ・通話アプリを使用した情報搾取

最近は、スマートフォンを操作するだけでお金の借入れが可能なキャッシングアプリが配信されています。

通常、金融機関でお金を借り入れする際は審査が必要ですが、キャッシングアプリでは、登録する段階で様々な個人情報を打ち込む必要があります。個人情報を打ち込んだ後は、個人の年収を登録するという形式で、簡単に言ってしまえば、消費者金融の機能がスマホに搭載可能なのです。

現金を使わずに支払い可能となるキャッシュレスアプリも同様です。

大半のキャッシュレスアプリの仕組みは、アプリを使って買い物を行うたびにポイントが加算されるというもので、トータル的には割安になるため、多くの人が日常的に使用しています。

特定のアプリで得たポイントが他のアプリで使えるなど、日本のキャッシュレスアプリは複数が連動しているのが特徴ですが、その理由は、アプリの開発者側が大手広告企業にマーケティングを依頼したからです。

広告企業がマーケティングを担当した結果、アプリ開発者側は利用者の購入記録も全て把握できるようになり、広告企業側もアプリのデータを調査すれば多くの人材を集めてアンケートを行う必要がないと判明したので、互いにとって最良の結果となりました。

キャッシュレスアプリをダウンロードした時点で個人情報が筒抜けになります。特に日本で最も大きなシェアを持つキャッシュレスアプリは、買い物を行った際の情報だけではなく、アプリに振り込んだお金の出所となる金融機関や給与の振り込み先すら追跡可能というシステムとなっています。

キャッシュレスアプリの運営元は、スマートフォンと連携しながら、個人の情報を掴んでいるようです。もともと、運営元の手元にはアプリ登録の際に記録される個人情報があるのですが、情報の不足分をスマートフォンから吸い上げているのです。

一時、アプリを使って買い物をすれば割引になるなど、アプリの普及キャンペーンが大々的に行われたのは、多くの日本人の情報を把握するのが目的だったわけです。利用者は割引で商品を購入する代わりに、自分の情報という対価を支払っていたのです。

交通系ＩＣアプリの場合、キャッシュレスアプリよりは危険度が低いです。しかし、日本で最も利用者が多い交通系ＩＣの開発陣が個人の情報を売ろうとして引き止められたことがあります。その開発陣の一部は「他でもやっているのに」と、文句を言っていたという話があるようです。

キャッシュレスアプリと並んで日本で頻繁に使われているのが通話アプリです。日本で最大のシェアを誇る通話アプリ・ＬＩＮＥを展開する企業は、これまで行政指導を何回も受けた経緯があり、２０２４年も秘密保護やサイバーセキュリティの体制が不十分と総務省から指導を受けました。

その一方、Ｘ（Ｔｗｉｔｔｅｒ）、Ｆａｃｅｂｏｏｋ、Ｉｎｓｔａｇｒａｍなど、アメリカ製のＳＮＳの通話アプリ機能が勧告を受ける機会はありません。その理由は、２０２０年1月1日に「日米デジタル貿易協定」という、アメリカのデジタル製品への関税賦課の禁止とデジタルデータの国境を越えた自由な移転が可能という協定が日米間で結ばれて発効されたからです。

協定が結ばれたことで、コンピュータ関連施設を自国に設営する要求の禁止や、ＳＮＳ

などの総合コンピュータサービス提供者の損害責任からの免除が決定したため、例え日本の法律では違反行為に該当する内容でも、日本側はアメリカ側に対して訴えることが不可能になってしまいました。この事態は、関税障壁は継続するがビジネスの障壁を設けてはいけないというTPP（環太平洋パートナーシップ）の流れの一つであり、日本ではアメリカ製のSNSを使ったデータのやり取りが自由に行われています。

日米デジタル貿易協定が発効したのは元旦であり、大半の日本人が注目していませんでした。日本は、韓国系（LINE）やロシア（Telegram）の通話SNSを展開する企業には勧告できる一方、GAFAMなど、アメリカの企業に対しては包括協定があるため、それが叶《かな》いません。これは、アメリカの製薬会社が開発したコロナワクチンの投与が決定した後、投与後に何があっても損害賠償請求はできないという取り決めを日本政府が締結させられたのと類似しています。

問題が発生した場合でも、損害賠償を行わないという免責の規定を結ばせてからサービスを導入するというのがアメリカ企業の手法です。現在は、日本政府の権限がアメリカ企業に対して及ばなくなっており、一人ひとりが強く認識しながら自己防衛を行う必要があります。

便利だから、皆が使っているからという理由で大量のアプリをダウンロードすると、自分の情報は筒抜けになり、自分の家族や親しい人を危険に晒してしまうという状況になりかねないのです。

参政党が推奨する情報保護技術

マイナンバーカードの情報を保護する方法として、参政党は「ブロックチェーン」と「ゼロ知識証明プラットホーム」という手法を推奨しています。

ブロックチェーンはインターネットに接続されている多くのコンピュータを直接接続して、コンピュータ間で生み出される情報を記録する技術です。通常、コンピュータの情報はサーバが一括管理しますが、ブロックチェーンの場合、記録をまとめたブロックが各コンピュータに形成されて、新しい情報が作られるたびにブロックが追加されるという仕組みです。それぞれのブロックが時系列順にチェーン（鎖）のように連結して保存されることから名称が付けられました。

ブロックチェーン方式なら、関係者が互いにブロック化した情報を監視可能な状態となるため、情報漏洩、承認のない改ざんや消去のリスクが極めて低くなります。また、記録された情報は複数のコンピュータが分散して管理する形になるため、一部のコンピュータがトラブルで停止したとしても、全ての記録が消滅するリスクを避ける効果があるのです。

ゼロ知識証明は、「自分だけが知っている情報を他人に伝えることなく真実であると証明する方法」です。コンピュータのシステムにログインする際に具体的な個人情報を相手に開示することなく、情報を共有するシステムを指します。

このゼロ知識証明は、すでに各方面で成果を挙げています。オランダの大手金融機関INGは、２０１７年11月に、利用者の収入が住宅ローンなど審査で求められる範囲内にあることを、実際の収入額を記載せずに証明可能となるシステムを開発しました。INGが上記のシステムを導入した結果、顧客のプライバシー保護の効果が生まれたと同時に、同社のコンピュータ処理にかかる時間は大幅に短縮したそうです。

日本の大手警備会社は、ゼロ知識証明を用いたプライバシー保護型の属性認証方式を研究しています。このシステムは所有者が成人であることを証明するものであり、運転免許証など従来の身分証明書とは異なり、具体的な個人情報を相手に提示しなくて良い効果が発生します。他にも、総合印刷会社などは、個人情報を開示せずに学修歴を証明するシステムを開発しています。

上記の二つのシステムが一般化すれば、個人情報の保護機能は飛躍的にアップして、従来発生していた情報に関する様々な問題が解決するのと同時に、日本人の情報に対する意識が格段に向上するのではないでしょうか。

第2章

マイナンバーカードの危険性と将来性

マイナンバー制度とマイナンバーカードの違い

前述しましたが、マイナンバー制度は2003年の住基ネット制定の流れから提唱されたもので、2015年の法改正によって現行の制度が誕生しました。

住基ネットは、納税者情報と年金情報を一元管理することを目的として作られたもので、地方自治体が管理する仕組みですが、社会保障制度を情報に紐づける必要があるため、数多くの訴訟が発生しました。住基ネットは、地方自治体だけでは情報の管轄が不可能であるため、日本政府が介入する制度に変更した経緯があります。マイナンバー制度は住基ネットの派生であるため、マイナンバー制度の窓口は地方自治体だが、実際の指揮を行うのは日本政府という二重構造になっています。

2016年から交付が開始した「マイナンバーカード」は、マイナンバー制度とは全くの別物です。読者の皆さんは、その事実を前提として押さえた上で本章を読んでいただければ幸いです。

単刀直入に言えば、マイナンバーカードは金融機関のキャッシュカードに該当します。

金融機関のキャッシュカードの中にお金が入っていないのと同様、マイナンバーカードの中には個人情報は登録されておらず、アクセスするための鍵となるものです。

マイナンバー制度は法的根拠があり、情報漏洩などの問題が発生した場合は日本政府が責任を負います。そのため、税金、社会保障、災害対策の三分野のみがマイナンバー制度の適用範囲です。しかし、三つのデータだけでは、なかなか個人情報の紐づけができない。しかも、法的な根拠があるゆえ何度も国会で審議して法改正を行わないと制度が拡張できないという特徴があります。そこで、代替えとして考案されたのがマイナンバーカードです。

マイナンバーカード申請は法律で義務付けられていないため、明確な法的根拠が存在しないという特徴があります。事実、日本政府が発布したマイナンバー制度とマイナンバーカードに関する取り決めを見比べると、マイナンバー制度が関わる場合は責任を取るが、マイナンバーカードが関わる場合は責任を取らないという例が多々あります。ここが非常に重要な点です。

	マイナンバー制度	マイナンバーカード
政府責任	全責任は政府が負う	原則政府は責任は負わない
法的根拠	法的根拠あり	立法事実なし（利用規約に基づくサービス）
利用範囲	社会保障・税・災害対策の３分野のみ	不明瞭に拡大（違法性はグレー。国会で審議すべき）

日本政府が自由に利用可能なマイナンバーカード

マイナンバーカードを発行すると、個人に12桁の番号が割り当てられますが、これは金融機関のキャッシュカードの暗証番号と同じようなものです。暗証番号を打ち込んでＡＴＭからお金を引き出すように、日本政府は12桁の番号を使って個人の情報を引き出します。

日本政府は、マイナンバー制度には「国民の利便性の向上」「行政の効率化」「公平・公正な社会の実現」の三つの理念があると前々から公言しています。この三つの理念は、１９６７年にＭＩＳの使節団が訪米した直後から唱えられており、日本政府や日本企業は、効率化、利便性、安全性を追求し続けてきました。

もちろん、上記の三つの理念は私たちに恩恵を与えるものです。しかし、マイナンバー制度下では個人のプライバシー権の侵害や拡張訴訟といった問題が発生して情報を一元化できなかったので、マイナンバーカードが誕生したという背景があります。

マイナンバーカードの恐ろしい点は、明確な法的根拠がないため日本政府が自由自在に利用可能ということです。例えば、マイナンバーカードに紐づけられた情報は、国民が自分で承諾して情報提供したという扱いになります。政府は提供されたという名目で個人情報を自由に閲覧することが可能です。

マイナンバーカード発足時の管轄省庁は総務省で、現在は２０２１年に発足したデジタル庁が管轄しているのですが、デジタル庁のトップは総理大臣です。言わば、マイナンバーカードは日本で最も権限が強い総理大臣が提供しているサービスであり、利用規約で同意した場合、国民は率先して提供しているという扱いになります。

そして、マイナンバーカードの利用規約の内容は日々改定されています。通常、制度を変更する場合は、ある程度の猶予期間が与えられるのですが、マイナンバーカードの場合、改定されてから１週間以内に拒否しなければ全て同意したと見なされるという扱いになっています。

現在は、日本政府の方針という名目の下、マイナンバーカードの機能は次々と拡大しています。2024年4月から、運転免許証や銀行口座との一体化が開始されました。現在はマイナンバーカードを申請する際は銀行口座の登録が推奨されています。

もちろん、マイナンバーカードの機能拡大を拒否する方法もありますが、その手続きは非常に複雑で個人で行うのは難しいのです。仮にマイナンバーカードを返却したとしても、個人情報は登録されたままですから、解除のために様々な手続きが必要です。役所で解約の手続きを依頼したとしても、何らかの理由を付けて拒否される確率が高いのです。これはデジタル機器の操作に慣れていない高齢層のマイナンバーカード返却を不可能にするための策略ではないでしょうか。

マイナンバーに関する手続きを行う場合、大半が任意という形になりますが、「任意」とは「利用者責任」とも言い換えられます。つまり、マイナンバーを使って発生した問題に関しては、日本政府が責任を追う義務はなく、個人や民間が責任を負う形になります。

医療業界の利益のために促進されるマイナンバー保険証制度

現在の日本政府は、マイナンバーカードと健康保険証を一体化しようとしていますが、大きな問題があります。

健康保険証という制度は、大東亜戦争終結後に炭鉱夫や漁業、林業などといった職業に就く人々からお金を徴収するために旧日本軍の恩給制度を利用して誕生したものです。健康保険証制度誕生直後は、保険料が集めやすい業界ごとに保険制度が適用されたので、現在の日本政府は健康保険の全体図を把握しきれないのです。そのため、日本政府は混乱している健康保険制度を一度リセットして整備するために、マイナンバーカードとの一体化を推進しているのです。

マイナンバーカードを健康保険証と一体化することは、法律で義務付けられていません。しかし、現在の医療業界では、患者に健康保険証機能付きのマイナンバーカードを作らせると日本政府から報奨金が支払われるため、一部の医療機関の経営者は、将来はマイナンバー以外の保険証が使えなくなるといった警告を、主に高齢層の患者に対して盛んに吹聴しています。医療現場関係者の中には、業務命令によってマイナンバー保険証を推奨していることに罪悪感が生じている人もいるようです。

今後、マイナンバー保険証に切り替えないと健康保険証の代わりに「資格確認証」が交付されます。資格確認証は、健康保険証とほぼ同じ機能を有しているため、旧来の健康保健証は事実上存続するのです。しかし、役所に直接問い合わせたとしても、資格確認証の存在が伝えられる機会はないのです。今後、自治体が資格確認証の使用を禁止する例が発生するかもしれません。

医療機関でも、今後はマイナンバー保険証の使用が推奨される可能性が高いのですが、現在はシステム切り替えによるトラブルが多発しており、「全国保険医団体連合会」という団体が、従来の保険制度の存続に励んでいます。

日本政府は、今年（2024年）中に旧来の健康保険証が使えなくなるという風説を流布して、マイナンバー保険証への切り替えを促していますが、切り替えなくても問題はないのです。

マイナンバーカード普及による犯罪抑制

大きな問題を有するマイナンバーカードですが、所持していれば、役所や機関で行う本人確認が簡素化する、情報が業務効率化することで企業負担や行政コストが低下する、行政サービスがコンビニエンスストアやオンラインで手軽に実行可能、様々な給付金が迅速に振り込まれる、医療機関では薬や往来歴の情報を共有可能となるため、高額医療費や確定申告の医療費の手続きが簡便化する、個人情報が一元的に管理されるために異なる行政機関における情報共有がスムーズ化するといったメリットも発生します。また、発行の際にキャッシュレスポイントが発生する機会があり、ポイント取得を目的にマイナンバーカードを取得した人は、少なくないでしょう。

マイナンバーの機能が拡大化して使用頻度が増えると、犯罪抑制効果も発生するでしょう。一例を挙げると、マイナンバー健康保険証が流通して個人情報が医療機関に登録されると、いわゆる「なりすまし行為」や薬品の転売といった行為が不可能となります。

現在の健康保険証は、通院した医療機関が登録されないため、医療扶助が適用される生活保護受給者が複数の病院を渡り歩いて、その過程で得た大量の薬品を転売するという事例が発生しています。完全な不正行為ですが、反社会勢力が生活保護受給者を集めて闇ビジネスを展開しています。マイナンバー健康保険証が普及すれば、そのような闇ビジネスは実行不可能となるでしょう。

また、不眠症の患者に対して睡眠薬を大量に渡すなど、医師による薬品の過剰投与も近年は頻発化しています。医師は診療行為を多く行うほど大量の点数（診察報酬）を獲得できるため、危険性があると知りながら過剰投与を行うのです。

日本の市街地を見渡すと至る所に薬局が林立する「薬品バブル」のような状態です。それは単純に医療ビジネスや薬品ビジネスが儲《もう》かるからです。毎年政府は、1年間に総額10兆円前後の予算を薬品代にあてています。健康保険の情報を一元化すれば、医療不正や過剰投与の減少に繋がると思います。

それ以外にも、マイナンバーカードが普及して情報が開示される結果、脱税や社会保険の不正受給の防止策になる可能性があります。そのようなメリットが存在するため、一概にマイナンバーカードの所持は否定できません。

ただ、今後はサービスを行う各企業が個人のマイナンバーカードの情報を全て預かって管理する状態になるため、凄まじい労力とコストがかかることが予測されます。例えば、マイナンバーカードが一般化すれば、それを読み取るカードリーダーが必要になりますが、それが高額ならば売り上げが低い店舗は購入するのが叶いません。チェーン店舗の場合、大量にカードリーダーを購入することで、莫大《ばくだい》な設備投資のコストが発生します。

数々の問題を引き起こすマイナンバーアプリ

今後、最も不安視されるのは、マイナンバーカードの機能がアプリ化してスマートフォンにダウンロード可能な状態になることです。

現行の状態では、他人が所持するマイナンバーカードを、どの場所に保管しているのか把握するのは不可能です。家の棚に収めておく人もいれば、財布や定期入れの中に入れて持ち歩いている人もいるでしょう。しかし、現代は大半の人がスマートフォンを持ち歩いて活動しているため、スマートフォンの中にマイナンバーカードの情報や機能が入っていると、スマートフォンを盗まれた際に個人情報が簡単に抜き出せる状態になってしまいます。

財布や小物を紛失した際の対応策としては警察や駅員に届け出るというものがあります。従来のスマートフォンならば、キャリアに問い合わせれば回線を断絶することが可能です。しかし、マイナンバーカードは複数の個人情報が登録されており、役所も明確な対策を見出せていない状態ですから、紛失した際のリスクが大きいのです。

現代のスマートフォンには、顔認証やパスワード認証によるロック機能がありますが、コンピュータでパスワードを分析する、あるいは所持者の顔のゴムマスクを作成するといった対応を行えば、ロック機能は簡単に解除可能です。

さらに、現在のマイナンバーカードは、日本で認証されているので安全性は保証されているように見えますが、実際の仕組みはアップデートされるソフトウェアであるというのが問題です。一度マイナンバーカードを作成すれば更新不要という話をよく聞きますが、健康保険証の機能を搭載すれば、おそらく5年ごとの更新が必須となりますので、その際に情報が漏洩する可能性は0ではないでしょう。

仮に企業が高額な日本製カードリーダーの代わりに安価な外国製を大量に購入したとします。その外国製カードリーダーにバックドア（コンピュータのソフトウェアやハードウェア内に潜む、不正に侵入するためのシステム）機能が搭載されていた場合、認証された個人情報が全て外国に流出してしまうリスクすら予測されます。

外国製カードリーダーが、製品検査が行われる時のみ正常な機能となり、実際に使用される時はバックドア機能が稼働する状態になれば、次の検査の時には多くの個人情報が抜き取られている、といった事態も想定されます。日本で認証済みというのは安全の保証にはならないのです。

また、マイナンバーアプリが実現した場合、見守りアプリの機能を付属するという計画もあるようです。前述のように、見守りアプリは多大なる危険性を持っているのですが、機能を付属するのは任意という形になるため、例え大きな事件が発生したとしても、行政側には責任は発生しません。

外国の例から学ぶマイナンバーカードの問題点

マイナンバーカード所持による危険性を示す例として、外国の話が参考になります。

シンガポールの場合、建国年の1966年から全国民と外国人居住者に対してマイナンバーが割り当てられており、現在は証明写真や指紋、生年月日、性別、民族などが記載されたIDカードが配られています。2014年度から政府のデジタル戦略として、運転免許証番号、結婚証明書番号、子供の出生記録の取得、所得税の申告、年金の管理、公立病院予約、銀行の口座開設が可能なIDアプリが開発されて、国民はボタン操作一つで、あらゆるサービスを受けられるようになったのです。

シンガポールは、世界のスマートシティとして各方面から称賛されましたが、2018年に国民の医療関係の情報を一元化して登録するデータベースがサイバー攻撃を受けた結果、当時のリー・シェンロン首相ら約150万人のシンガポール在住者の医療情報が流出するという事件が発生したのです。一国の首相の健康状態が露呈するというのは、国家にとって大きな問題になり得ます。

シンガポールの人々に比べると、平均的な日本人のデジタル技術に関する知識や理解度は、格段に劣っているのが現実ですから、性急に健康保険証を停止してマイナンバーカード保険証制度に切り替えるのではなく、数年間は両制度を併用するなど、慎重な対応を行うべきです。

また、個人の活動にも影響を及ぼしかねません。ロシア・ウクライナ戦争が開始する2年前の2020年に、ウクライナ政府は税社会保障証と運転免許証を一体化した「Diia」というアプリを開発して、国民の個人情報の一元化を果たしました。仮に有事が発生しても個人情報が保存可能というのがDiiaの触れ込みだったのですが、ロシア・ウクライナ戦争が開始すると、Diiaを使用して徴兵が行われるようになりました。戦争開始後は、外国在住のウクライナ人が次々と徴兵されて、現在は妊娠中の女性すら戦地に立つ状態です。

東欧のエストニアでは、2002年から15歳以上の全国民を対象にIDナンバーと氏名、生年月日が登録されたデジタルIDカードを交付しているのですが、デジタルIDカードには、IDの使用履歴が全て記録されており、カードを所有するエストニア国民の全員が自ら閲覧できるので、問題が発生した場合、ただちに原因を確認できます。日本のマイナンバーカードの場合、登録された情報の使用履歴を全て確認するのは不可能です。

仮に、医療関係者がマイナンバーカードを使って患者の個人情報を利用しているのが発覚すれば、医療機関の信頼は一気に失墜するでしょう。お互いの信用を得るためにも、カード発行の厳格化と登録情報の個別化・プロテクト強化を徹底するべきです。それほどの管理体制がなければ、国民主権のカードとは言えません。

我が国には戸籍情報がある

繰り返しになりますが、マイナンバー制度の権限は法律で厳格に決められていますが、マイナンバーカードに関する規定の法律は存在しないので、いくらでも機能の拡大化が可能です。

大半の日本人は、その事実に対する意識が希薄で、日本には欧州のような強力な個人情報保護規約がありません。日米間において自由に情報のやり取りを行うという取り決めの下、アメリカは日本の情報を窃取可能というのが現状です。このような状況は絶対に変革するべきです。

個人情報保護に対する私の意見は、まず、苦情や訴訟が頻発しているマイナンバーカードの機能を修正するというものです。現行のマイナンバーカードの仕組みは、12桁の個人番号を元に、様々な情報をプラスしていくというものですが、他人の個人番号を利用すれば、なりすまし行為が可能となります。事実、現在のマイナンバーカードの登録システムは未完成で、システムを操作すれば1つの個人番号を2人以上が登録可能という話もあります。

マイナンバーの個人番号を他人に利用されない方法として、日本に古くから存在する「戸籍」を利用する手法があります。現在、日本人の戸籍情報のデジタル化は、ほぼ完了しており、マイナンバーカードには戸籍情報が登録可能です。戸籍には、一族代々の情報が記録されていますので、赤の他人によるなりすましが非常に難しい上に、出自など個人のアイデンティティも完璧に記録されています。

マイナンバーカードに記載する情報は戸籍情報だけで十分、というより、戸籍情報は個人番号の上位互換です。

もし、12桁の番号だけで私を認識しようとすると、私がその番号の人間であるという証明はかなり難しいです。登録の時のミスで同じ番号に2人の人間が紐づけられることもあり得るからです。しかし、戸籍情報と結び付けておいてもらえば、父母や兄妹、妻や子供たちの情報を照合でき、誰かが私になりすますことはできなくなります。戸籍は一族代々の100年以上にわたるデータが蓄積されている制度であり、個人情報に関するあらゆる問題を解決させる手段になります。

マイナンバーカードは、多くの個人情報を短期間で登録してデジタル化したものですから、近い将来、必ずバグが発生すると予想されます。今後のマイナンバーカードは、戸籍制度のデータ版を使用してシステムを新たに作り替えた上で運用した方が無難というのが、私の意見です。

マイナンバーカードの情報に使用される住基ネットのシステムが完成したのは2003年です。これが何を意味するのかというと、現在のマイナンバーカードは、20年以上前のコンピュータで作成したシステムを基本として、そこに複数の情報を継ぎ足しで紐づけようとしているということです。そのような状態でトラブルが発生しないとは考えられません。性急に登録されたマイナンバーカードの情報よりも戸籍情報の方が確実に信用できます。

基本的に、離島など人員不足で調査が完了していない自治体以外の戸籍は全てデジタル化されており、役所の窓口から取り寄せ可能となっています。従来は戸籍がデジタル化していない点で不便が生じることがありましたが、現在は解消済みです。

マイナンバーカードの目的の一つに安全性が掲げられていますが、登録する個人情報としては、戸籍が最も安全性が高いのです。

マイナンバーの発行・情報管理を厳格化する

現在は役所で簡単な手続きを行うだけでマイナンバーカードが発行可能ですが、今後は何らかの制限を設けるべきではないでしょうか。

自動車の運転免許証の場合、発行や更新手続きは警察が管理していますが、役所のマイナンバーカード発行の窓口の担当者はアルバイトや派遣社員というのが一般的です。本来ならば、運転免許証と同じくマイナンバーカードの発行・更新の際は、国の役所か警察が法律に基づいて行うべきです。

今後、あらゆる個人情報がマイナンバーカードに登録可能となれば、むしろマイナンバーカードの使用方法が複雑化する可能性があります。

とある弁護士から伺った話を例に取ると、弁護士は住民票を取得できる資格がある一方、個人の銀行口座の情報を取得できません。仮にマイナンバーカードに住民票と銀行口座の情報が登録されていた場合、弁護士は登録情報を確認することができないのです。反対に、健康保険証の機能を持つマイナンバーカードを使用した場合、それを確認する医療機関の人物が、年収など診察とは関係ない個人情報を閲覧、または盗み取ってしまう恐れがあります。

現行のマイナンバーカードの仕組みを続けると、今後は個人情報に関する犯罪が増加すると予測されます。情報は細分化して保管しておいた方が扱いやすいという面がありますので、強引に一元化する必要はないと考えています。

情報の一元化が可能なマイナンバーカードですが、データの保存方法は一元化していません。マイナンバーカードのＩＣチップには、４個のアプリが搭載されています。そのアプリが仲介の機能を果たして、カードに新しい情報が登録されるというシステムなのですが、アプリが余分な情報を自動的に登録する可能性があるのです。

多くの情報が登録されたマイナンバーカードを他人が確認する機会があった場合、何らかの形で悪用されるかもしれません。現行のシステムのままだと、マイナンバーカードは犯罪を助長する形になりそうですが、マイナンバーカードに登録される個人情報は国民が任意で提供したという形になっていますので、日本政府は責任を追う必要はないのです。

個人情報の露呈は大きな問題を引き起こします。私は、マイナンバーカードの発行を運転免許証と同じく厳格化して、各情報の開示に対して強固なプロテクト機能を設定するべきだと思います。個人証明としては戸籍、医療には健康保険証があるように、現行ではマイナンバーカードに多くの個人情報を紐づけする必要はないのです。

仮に、企業関係者や医療関係者がマイナンバーカードを使って個人情報を利用しているのが発覚すれば、組織全体の信頼は一気に失墜するでしょう。お互いの信用を得るためにも、カード情報の保護は徹底化するべきです。

コラム　マイナンバーカードで危険に曝される出生証明書、印鑑証明、パスポート

本来制度やシステムを作る側は、利用者を犯罪者にしないため悪用可能な余地を作り込まないようにしなければなりません。マイナンバーカードそのものに紐づく情報だけでなく、マイナンバーカードでできることに着目すると想像以上に多くのことが危険に晒されているという情報が集まっています。まずは事例を見ていきましょう。

まずは印鑑証明です。コンビニで父の印鑑証明書を取得してきましたが、マイナンバーカードと4桁の暗証番号さえあれば簡単に発行できました。

この場合、不動産の名義は大丈夫でしょうか。銀行口座の名義は変更されないでしょうか。便利という言葉で片づけてはならないと感じるのは私だけではないはずです。

続いては出生届です。出生届も医療機関が作成した出生証明書の画像データがあればマイナポータルで簡単に発行できます。出生届のオンライン提出自体はもともと可能でしたが、出生証明書に医師の電子署名を添付する必要がありました。これが法務省の省令改正により、電子署名がなくても提出できるようになっています。これまで電子署名を必須にしていたのは、大事な家族関係が奪われたり、国籍が侵害される恐れがあるためです。電子署名が必須ではなくなったことで、デジタル移民による侵略を後押しする状態となっています。

3つ目はパスポートです。マイナンバーカードを不正取得し、娘名義のパスポートを取得、生活保護まで受給していたフィリピン国籍の女性が大阪府警に逮捕された事件が発生しました。顔写真がない場合でも公的書類2点でマイナンバーカードは取得可能です。この事件では無保険で医療機関を受診した際、娘名義で不正に作成した診察券が有効な本人確認書類となっていました。現在ではパスポートもマイナポータルから申請可能です。

このように皆さんの身分や主権に関わる手続きが便利に行えてしまうマイナカードの発行・運用は市区町村の窓口により行われています。運転免許証であれば警察官が発行手続きに関わることで安全性が担保されていますが、それより遥かに効力もできることも上位なマイナンバーカードの発行が最低でも運転免許証同様の安全な手続きとなっていないのはおかしくはないでしょうか。

個別の問題を見てきましたがここで疑問に思うのは、専門家でなくとも少し考えれば利便性とリスクが釣り合っていないと分かるような危ない欠陥が、なぜ放置されたまま世に出てしまっているかということです。通常であれば新しい制度を世に出す前に関連する審議会や専門家ワーキンググループでの検討が行われます。12月に行われる健康保険証の廃止とセットのマイナ保険証では、国の医療政策を審議する社会保障審議会の部会に事後報告で済ませ、行政の意思決定過程は公文書管理法に基づいて記録する義務がありますが、記録した文書も作成していないと報道されています。異常なほど強権を行使できているのには理由があります。

実はデジタル庁は内閣総理大臣直轄の組織であり、内閣府より上位の組織です。省庁への勧告も閣議決定不要で事実上総理大臣の独断と指示で出すことができます。デジタル改革大臣は内閣総理大臣を補佐するとあるので内閣府より上の権力となります。他省庁から文句を言えないのはこの建て付けのためです。ではこの巨大権力はいつ決まったのでしょう。

前提となる日本デジタル化計画は日米デジタル貿易協定が結ばれた2020年、国会閉会中の12月25日に閣議決定されました。そして、21年の5月にはデジタル庁設置法を含む63本の法案の入ったデジタル改革法案が参議院で可決されました。

3000億円とも言われるマイナンバー関連事業は大企業8社が独占しています。そして、その大企業の大株主は外国企業です。つまり、デジタル庁の強大な権限を握っているのは、日本人ですらない外国の株主ということになります。マイナンバーカードに情報を紐づけて捧げることは外国のデジタル植民地となり、あなたの生殺与奪の権限を預けることに他なりません。マイナンバーカードを見直させるためにも、まずは返納することから始めデジタル植民地化を食い止めねばなりません。

第3章

日本を支配しようとするグローバリズム

グローバリズムの真の意味

日本人のデジタル主権が軽く扱われている現状の背景には、「グローバリズム」思想が存在すると考えています。

グローバリズム（globalism）を和訳すると「地球主義」であり、言葉に良いイメージを持つ人は少なくありません。そのような方々は、グローバリズムと「グローバリゼーション」（globalization）を混同しているように見受けられます。

両者の定義を比較すると、グローバリズムが「地球全体を一つと見なして、世界の一体化を促進する考えや活動」であるのに対して、グローバリゼーションは「国や地域の枠組みを超えて、政治、文化、経済が広がる現象」を指します。グローバリズムが地球（世界）を拡大化する、グローバリゼーションが縮小化する思想とも言えるでしょう。

私たち人間は、航空機を使って十数時間で地球の裏側まで行けるようになりました。メールやSNSを使えば、一瞬で世界中の人々と連絡が可能です。科学技術の進歩によるグローバリゼーションは、私たちの生活を便利にして生活空間を広げているので、否定する必要はなく、進歩を止めるべきではありません。

しかし、グローバリズムとは、グローバリゼーションの流れの中で、多国籍企業と各国の政府が結託して、色々な規制を取り払って多国籍企業にとって最適な市場を作る活動であると考えています。

それぞれの国には主権がありますが、国ごとにルールが違ったり、国のリーダーが変わるたびに法律を変えられては、世界をまたにかけてビジネスをしたい多国籍企業にとってはとても都合が悪い。そこでグローバリズムの名の下に、それぞれの国家の上に国際機関や共同体を作って、そこが決めたルールに従って国を運営しなければならないといった枠をはめていくのです。しかし、これは決して各国の国民の利益には繋がっていないため我々は問題があると捉えています。

利益のために世界中で暗躍するグローバルエリート

多国籍企業の中枢に存在するのが、「国際金融資本」です。国際金融資本とは、国境を越えて金融ビジネスを行う人物や組織の総称であり、私たちが認識する機会は少ないですが、世界史を振り返ると「東インド会社」が該当します。

東インド会社を運営していた商人たちは、世界中にネットワークを作ってビジネスを展開しましたが、その背景には宗教的な信念もあり、自分たちのビジネスの活動は「神に認められた」行動であると解釈していました。正しいことをしていると信じる彼らが最初に莫大な利益を上げたのは奴隷の売買で、主にアフリカやアジアから多くの人々を世界中に売買していったのです。その次に彼らが行ったのはアヘンなどの麻薬の売買で、それが引き金となってイギリスと清との間でアヘン戦争（１８４０年）などが引き起こされたことは皆さんも学校で習ったと思います。

そして、麻薬よりお金が動くのが戦争における武器の売買です。最初は偶発的に起きた戦争に対して武器を販売していたのですが、戦争が続くと国家やそこで権力を握っている王が没落していきます。すると商人たちは、王にお金を貸し付けて、最終的にはその国の中央銀行そのものをコントロールする力を持ってしまうわけです。中央銀行を握るということは、その国の通貨発行権や政治権力を握るに等しいのです。そうなると今度は、偶発的な戦争ではなく、自分たちが儲かる戦争を起こし、そこに武器や物資を売り付けていくことで、さらに富を増やすことができるようになりました。繰り返しになりますが、これを彼らは資本主義の理念や宗教的信念を持ってやっていますから、悪いことだとは考えていないというところがポイントです。彼らにとっては正しく合理的な経済活動を続けていった結果が、国際金融資本家としての地位を築くことになるわけです。

国際金融資本は、多額の資金を使って世界中の企業の株式を購入して影響力を強めています。彼らが株式を持つ企業の中には、マスメディアや製薬企業、民間軍事企業が含まれているため、結果的に多国籍のコングロマリット（複合企業）が形成されるのです。彼らは「グローバルエリート」と総称されます。

グローバルエリートは、世界の政財界において非常に強い権力を持っているため、各国の政府の権限を上回る国際機関を設立します。ＷＨＯ（世界保健機関）や、世界経済フォーラム、といった組織も彼らがお金を出して動かしていきます。そして、グローバルエリートは国際機関のスポンサーになって、自分たちの主導の下に会議を開催します。彼らは世界中のマスメディアの株を所有しているので、いくらでも情報の偏向・捏造が可能で、世界中に彼らの望む情報が流布され、それに反対するような情報は陰謀論とレッテルを貼られるわけです。

日本人に不足したメディアリテラシー

現在は世界のマスメディアの大半がグローバルエリートの傘下であるため、メディアが報道する情報には誇張や捏造が多分に含まれます。1990年には、イラク攻撃を正当化するため、アメリカのメディアがイラクの攻撃とは関係のない「油まみれの水鳥」の写真を世界中に拡散したのは有名な話です。

つまり、マスメディアの報道を鵜呑みにするのは大変危険なことなのですが、日本人はメディア発の情報を自分なりに読み解く能力「メディアリテラシー」が低い傾向がありま す。

デンマークの中学校で使われる社会科の教科書には、序章に「メディアリテラシー」の大切さが書かれていて、その内容は、マスメディアは都合によって偏向的な情報を流布する、そのメディアの報道を信じると思想をコントロールされてしまうという、メディアの欺瞞《ぎまん》性を訴えるものです。

台湾の場合、現地のメディアが独立系と中国共産党系に二分されており、内容が大きく異なるため、互いを見比べて、真実（両方ともフェイクの可能性もありますが）の判断が可能です。

それに対して日本のメディアは、全てが、ほぼ同一の情報を流しているのが特徴です。そのため、元総理が亡くなっても各社報道の見出しから同じという異様なことが起きたり、外国人労働者を受け入れていくことは正義であり、外国人労働者に反対するのは【極右の差別主義】といった報道になります。また、地球温暖化はＣＯ２が全ての原因で、その対策となる再生エネルギーや電気自動車の受け入れは絶対の善であり、コロナワクチンのリスクを訴える者は陰謀論者、西側諸国の戦争は全て正しくそれに異を唱えるものは悪である、といった認識が日々の報道で国民に刷り込まれていくわけです。ＳＮＳなどで情報を集める人はこうした矛盾に気がついてしまうので、メディアがＳＮＳの危険性を訴え、各国政府はＳＮＳを規制しなくてはならないと言い出すわけです。

代表の私がこうしたことを言うからか、参政党に対しては中央のマスメディアの報道がかなり偏向しています。例えば、2023年の地方統一選挙では一気に100名の地方議員を当選させてもほとんど報道なし。逆にSNSで参政党がジャンボタニシ農法を推奨しているといった偽情報が流れると、各社のワイドショーがそれを取り上げました。さらに、2024年の衆議院選挙では、国政政党である参政党を討論番組に出さず、予想議席は0だと数社が報道していました。

つまりマスメディアは、意図を持っており報道対象のイメージを作り上げるわけです。それは2024年のアメリカの大統領選挙や兵庫県の県知事選挙でも見られたことですし、未だに靖国神社を参拝する国会議員は悪い奴だというイメージを持たせることもやっています。

大東亜戦争へのイメージも戦後のマスメディアによって作り上げられたものが多いのではないでしょうか。日本人は北朝鮮や中国、ロシアといった国で情報統制が行われていると思っている人が多いように感じますが、それはアメリカもヨーロッパも日本も同じことなのだと私は感じます。マスメディアの背後にいるスポンサーの存在を意識しながら、マスメディアの情報もSNSの情報もしっかり精査して、受け止めるメディアリテラシーを高める教育を我々はもっと力を入れて行うべきだと考えています。

勝利のためにルールを変更するグローバルエリート、遵守する日本人

グローバルエリートの基本的思想は、あらかじめ設定された世界や各国のルールに則ってビジネスを展開しようというものではなく、自分たちの利益が最大化するルールを新たに作れば良いというもので、彼らのビジネスに対する思想は非常に合理的です。

まず、グローバルエリートは自分たちが儲けるための新しい価値観やルールを考えて、それを世界各国のメディアを利用して、正しいと流布します。そして、自分たちの価値観やルールに基づいた製品やシステムを企業に作らせて販売すれば、必ず儲かるという仕組みです。

日本人の思想は、グローバルエリートの思想とは真逆と言えます。日本人は、あらかじめ定められたルールを遵守して、努力を積み重ねて勝負するのを美徳とします。オリン

ピックの柔道やスキージャンプなど、特定のスポーツ競技で日本人選手が圧倒的な成績を残すたびに、ルール改定が行われるというのが繰り返されてきました。

私たちが理解しなくてはならない事実は、グローバルエリートの最大の武器は「ルールメイキング」だということです。そして、ルールメイキングを行うのに邪魔な存在は「国家」、特に長い歴史を背景としたナショナリズムやアイデンティティを持つ国家は、グローバルエリートにとって最大の障害になります。

グローバルエリートは、国家のナショナリズムやアイデンティティを崩壊させるために、自分たちの息がかかった政治家を大量の資金を使って応援して、リーダーに就任させようとします。逆に愛国的な思想を持つ政治家を、メディアを使って黙殺、あるいは印象操作を行うことで落選させようとします。国民の意思もマスメディアを使えば、いくらでもコントロール可能で、世論を煽り続ければグローバルエリートにとって都合が良い政治家を当選させることが叶うという仕組みです。

グローバルエリートの利益を拡大させるための世界的運動

私が所属する参政党は、コロナワクチン接種に反対していますが、それはこのワクチンがＷＨＯや製薬会社が仕組んだ巨大なビジネスだと考えられるからです。成功していると は言い難いですが、昆虫食や人工肉、ＳＤＧｓの推進も、グローバルエリートの考えたビジネススキームでしょう。

近年、グローバルエリートが積極的に推進しているのが、ＬＧＢＴ（性的マイノリティー）に関する運動です。２０２４年にフランス・パリで開催された夏季オリンピックの開会式にＬＧＢＴの人々が数多く出演したことは世界中で話題になりました。現在、世界各国のＣＭにドラァグクイーン（女装した男性）などのＬＧＢＴが出演する機会が多く、そのたびに不買運動が発生するというのが恒例化していますが、それでもＬＧＢＴ運動が沈静化する気配はありません。

現在のアメリカでは、ＬＧＢＴと認識された子供に性転換する例が増加していますが、個人が性転換した場合、ホルモン剤の投与など生涯医療漬けという状態になります。子供の性転換は、医療業界にとっては多額の利益を生み出すビジネスになるため、グローバリズム政策の一環と言えます。

ＬＧＢＴ運動の目的は、人権の尊重やダイバーシティへの理解などが掲げられていますが、運動のスポンサーを見ると先に述べたビジネスの影が見え隠れしますし、一方では性や家族に対する伝統的な価値観を破壊したいというイデオロギーも感じます。人類は男性と女性が結婚し、家族を築いてきたわけですが、この家族が集まって集落やコミュニティができ、その集合体が国家となっていきます。そしてこの最小単位の家族を破壊していけば、コミュニティや国家を破壊していくことができると考えて政治運動を広げてきたのが共産主義者です。

元ＦＢＩ捜査官のクレーオン・スカウセンが書いた『裸の共産主義者』（The naked Communist）という本があり、そこには１９５８年にアメリカの共産党が掲げていた45の目標が書かれており、その中にはこのような項目があります。

・社会的、人種的、宗教的、性的差異の中から、弱者を見つけ出し、強者と同じ地位を要求させ社会を分断すること。

・我々の言論に反対する者には「人種差別主義者」「外国人嫌い」「同性愛差別者」などのレッテルを貼って、反論させないこと。
・非異性愛者の地位を向上させ、異性愛者に抑圧者であるというレッテルを貼り、罪悪感を抱かせ、正常な家族形成や子育てを妨げること。

世界で繰り広げられるＬＧＢＴ運動はまさにこの目標に沿ったものだと感じるのは私だけでしょうか。

そして、非異性愛が進んでゆき、家族の形が変わってくると、人口が減少していくことになります。グローバルエリートの中には人口削減を公言する方もいるので、そこも意図しているのではないかと推察されます。

さらに、現在は、ＣＯ２（二酸化炭素）の排出が地球温暖化など環境破壊の要因と報道されていますが、それを示すデータは捏造されたものだという指摘もあります。世界の各企業は、ＣＯ２排出が問題と吹聴《ふいちょう》しながら、排出権の取り決めなどに関する新しいビジネスを設立しています。

移民政策も同様、多国籍企業からすれば、世界中で安い労働力が確保可能となれば、多くの労働力が確保可能かつ、雇用政策によって多額の配当金が割り当てられるのです。企業にとっては、個人の権利を主張する中間層は邪魔な存在であり、高レベルの教育を受けておらず低賃金で企業の言う通りに働く移民の方が、遥かに都合が良い存在です。

さらに、グローバルエリートが使う手法として、ポリティカルコレクトネス（以下、ポリコレ）などを使ったキャンセルカルチャーという行為があります。用語が難しいので解説すると、まずポリコレとは、法律には触れないが社会的に不適切とされる表現に対して、注意や訂正を求める考え方で、キャンセルカルチャーとは、このポリコレなどに反したとされる人や企業をＳＮＳやメディアを通じて非難し、その解雇や企業製品のボイコットなどの制裁を加える行為です。

キャンセルカルチャーの事例としては、２０２０年のブラック・ライブズ・マター運動（以下、ＢＬＭ運動）が挙げられます。これは黒人男性が白人警察官に頸部を押さえつけられ死亡した「ジョージ・フロイド事件」を発端に、警察による黒人取り締まりに対する抗議運動で、この運動により、ジョージ・ワシントンなどのアメリカの歴史上で奴隷制や人種差別に関わった人物の銅像の撤去を求める活動が広がり、一部では暴動による略奪や破壊行為が発生しました。確かに人種差別はいけませんが、だからといって歴史を塗り替えたり、破壊行為をすることの正当化にはならないと考えます。

また、ポリコレの対象として、地球温暖化防止やＬＧＢＴの理解増進などが掲げられたら、それに異を唱える人の表現の自由は守られず、時に抗議という名の下の破壊行為が正当化されることにもなります。ポイントは何がポリコレなのかを、誰が決めるのかということです。法律なら我々が選んだ政治家が決めるわけですが、このポリコレはマスメディアなどを利用して、世の中の空気として作ってしまうことができます。それではまさにメディアのスポンサーであるグローバルエリートのさじ加減一つであり、一度空気を作られてしまえば、政治家やインフルエンサー、そして企業もキャンセルカルチャーを恐れて発言すらできなくなるのではないでしょうか。

世界中で発生するナショナリズムとグローバリズムの戦い

移民問題、土地売買、企業買収、外国人参政権などといった問題は、グローバリズム社会の中における国際金融資本や多国籍企業の利益の最大化が目的というのを切り口にすると、全てが合理的に説明可能となります。

このような真実が存在するにもかかわらず、既存のマスメディアは批判することが叶いません。なぜなら、世界各国のマスメディアの大半は国際金融資本の傘下であり、多国籍企業がスポンサーになっていますから、彼らグローバルエリートの意向に沿わない内容を報じるのは不可能なのです。世界中の政治家たちの多くも、グローバルエリートから献金を受けていますので、彼らもグローバルエリートの政策に対してNOとは言えません。

しかし、こうした実態に気づいている人は、アメリカや欧州で増加しており、アメリカでは、グローバリズムではなくナショナリズムを信奉する人々が、ドナルド・トランプ氏を中心として「Make America great again」運動を行っています。

フランス、イギリス、ドイツ、オランダなど、欧州各国で極右政党が台頭しているとメディアは報じていますが、実際はグローバリズムの問題を訴える保守政党です。彼ら欧州の保守政党や支持層が抗っている存在はEUです。自分たちが暮らす国家の上位に共同体が存在すると、国家の自治権が失われるからです。現在の欧州各国は、EUに多くの権限を握られているので、主権を取り戻し、自分たちの国の政策は自分たちで決めたいというのが彼らの主張です。しかし、グローバリズムの促進を目指す層は、ＥＵが実権を握って欧州各国をコントロール可能な状態を保ち続けたいのです。この二つの勢力による対立が欧州で発生しています。

日本でグローバリズムの問題を訴える国政政党は今のところ参政党しかありません。

皆さんもご存知のように、大東亜戦争で敗北した日本は、戦後アメリカの傘下にあり、教育もメディアもコントロールを受けてきました。そして、そのことすら公の場ではなかなか言えず、国益やナショナリズムの話すら語れない言論空間が続いてきたのです。未だに靖国神社を参拝するだけで政治家が叩かれるくらいですから。その状況下で、親方のアメリカ自体がグローバルエリートの影響下にすっぽり入ってしまったわけですから、二重の枠をはめられているような状態です。

この状態を脱するためには、教育を変えて国民のメディアリテラシーを高め、情報戦を戦える国民や政治家を増やしていかねばなりません。ですから参政党はこのグローバリズムの問題に言及しているわけです。そして、これからはデジタルを使って情報が伝達されるわけですから、そのデジタルの主権を日本独自で持っておくことが必要だと話が繋がるわけです。

アメリカではドナルド・トランプ氏が、大統領選挙に勝利し、彼もグローバリズムではなくアメリカ第一のナショナリズムで政治を行うと宣言しています。また彼のチームにデジタル主権のことを理解し、Xを買収したイーロン・マスク氏がいることも日本にとってはチャンスなのではないでしょうか。日本は日本第一の考え方で、教育やマスメディア、外交の在り方などを抜本的に改善するラストチャンスを迎えているように感じます。

極めて危機的な日本のデジタル事情

現在は、日本が主権国家として存続可能か瀬戸際の状態です。国家の存続を意識するにおいて、領土主権や経済主権について考えるのは当然ですが、今後は、デジタル主権の保持が必須となります。

日本のデジタル主権を奪って管理・監督しようとしている勢力の背後にはグローバリズ

ムが存在します。今後、ナショナリズムとグローバリズムの争いがデジタルの分野で繰り広げられるのは確実であり、だからこそ、私たち日本人は先回りして警戒しておくべきなのです。

日本がどれほど強力な兵器を所持していたとしても、あるいは強大な経済力を持っていたとしても、デジタル分野を支配されたら全ての力は相手に吸収されてしまいます。私たち参政党は、その辺りの問題を公に提起していきたいと考えています。この書籍を読んでもらえれば、現在の日本政府が進めているデジタル政策には、多くの問題があるということを理解してもらえると思います。

日本にとって不都合な点は、デジタル業界の事実を把握している優秀なＩＴ関係者が、外資系企業に引き抜かれる例が多いという点です。その理由は、単純に日本企業よりも外資系企業の方が、遥かに収入が高いからです。

ＩＴ関係者の大半は、ＩＴビジネスが盛んなアメリカへの留学経験があるのですが、学校ではアメリカが世界で一番強い、アメリカのルールが一番正しい、アメリカ製のツールを使うのが一番良いという話を延々と聞かされます。また、卒業後に日本のＩＴ企業への就職を選択すると、周囲から変人扱いされるそうです。なぜなら、アメリカのＩＴ関係者の間では、すでにアメリカが日本のデジタル産業を支配しているので、今さら日本の情報データを保護しようとするのは無意味という認識があるからです。

ドナルド・トランプ氏は大統領に就任したら、アメリカを仮想通貨大国にすると公約で訴え、彼の当選で多くの仮想通貨は値上がりしています。日本人の中には、トランプ氏が当選したら、日本の政治もよくなると期待している人がいますが、私はそれは幻想だと思います。トランプ氏はアメリカの国益を最優先に考えるわけですから、黙っていたらアメリカの仮想通貨やＩＴサービスを買ってくれと言ってくるに違いないのです。ですから我々は「日米の関係は大切なので協力できることはする、しかし、我々も国益は追及したいので◯◯はやらせて欲しい」と交換条件を提案していかねばならないのです。それをやらなければ、今まで以上に日本がアメリカの国益のために搾取されることになります。どこを譲って何を得るか、対等ではない関係の中でそこをハードに交渉する政治が求められています。デジタル分野の主権は我々が得ておかねばならない最重要なものの一つです。是非皆さんにはその認識を共有していただきたいです。

外国の介入によって破壊された日本の経済システム

私たち日本人は、現在の日本は本当に主権を持った独立国家なのか、その点を国民全体で考えなくてはならないタイミングに差し掛かっていると思います。

この30年間で世界各国のGDP（国内総生産）は2・5倍から3倍に成長しましたが、日本だけほとんど成長していません。その結果、日本の物価は相対的に安くなっています。

２０２４年の夏、私はオランダやドイツを回る機会があったのですが、ファーストフード店のハンバーガーセットを参考にすると、日本では９００円くらいのものが、オランダでは日本円にして２５００円を超えていました（24年7月現在）。激安ショップの商品の金額も、日本は１００円前後ですが、外国では２００円~３００円程度です。大学卒業者の初任給も、日本が22万円前後（産労総合研究所調査）であるのに対して、オランダは50万円を超えている状態です。つまり、日本の物価は欧州に比べると2・5分の1程度ということです。

現在、大勢の外国人が日本に旅行に来ていますが、その理由には、日本の文化や食事が素晴らしいというプラス的な面がある一方、物価が安い、日本が安く買われているというマイナス的な面もあるのです。

２０２４年イギリスの旅行会社が出した世界で安く行ける観光都市ランキングでは、東南アジアやアフリカの国に次いで、日本の東京が４位にランキングされていました。日本は経済先進国で日本の経済は強いという昭和世代が持っている日本のイメージを我々は変えなければならなくなっています。

なぜ、日本は安い国になり果てたのでしょうか。この約30年の間に日本の企業の業績は３倍くらいに伸びており、企業の内部留保も約５００兆円と3倍くらいに伸びています。しかし、日本人の賃金は上がっていないどころか下がっているのです。一方で政府の旗振りの下、企業の株主への配当は8倍くらいに伸びています。つまり、政治主導の改革で、非正規労働や女性のパート労働、外国人労働者などを増やして人件費のコストカットを進めて、企業は利益を上げて、スポンサーである株主にどんどん配当を払ってきたということです。しかも、政府がどんどんと外資に市場を開放するため、日本の株式市場における外国人株主の比率はこの30年右肩上がりで、もう全体の３分の１以上が外国人株主になっ

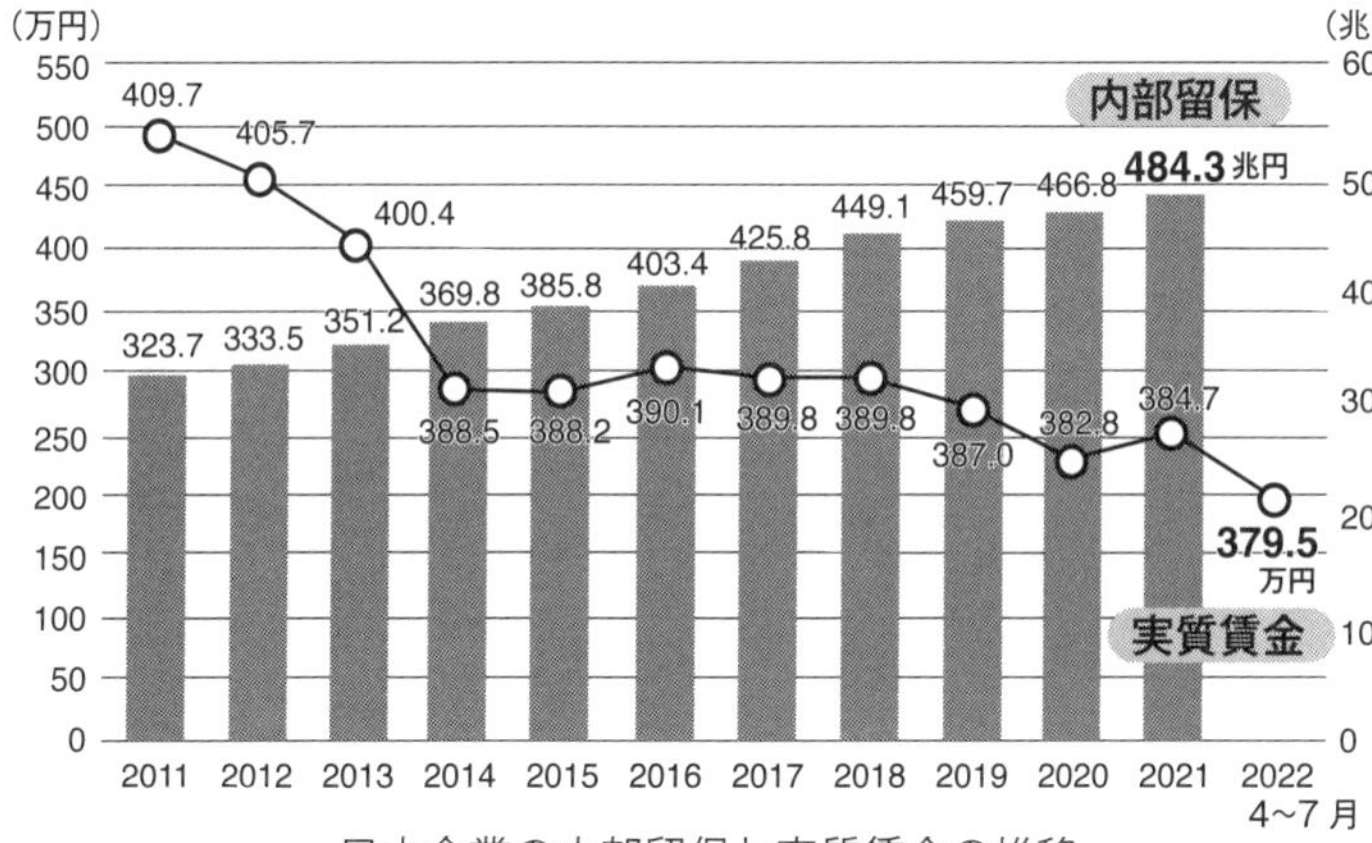

日本企業の内部留保と実質賃金の推移

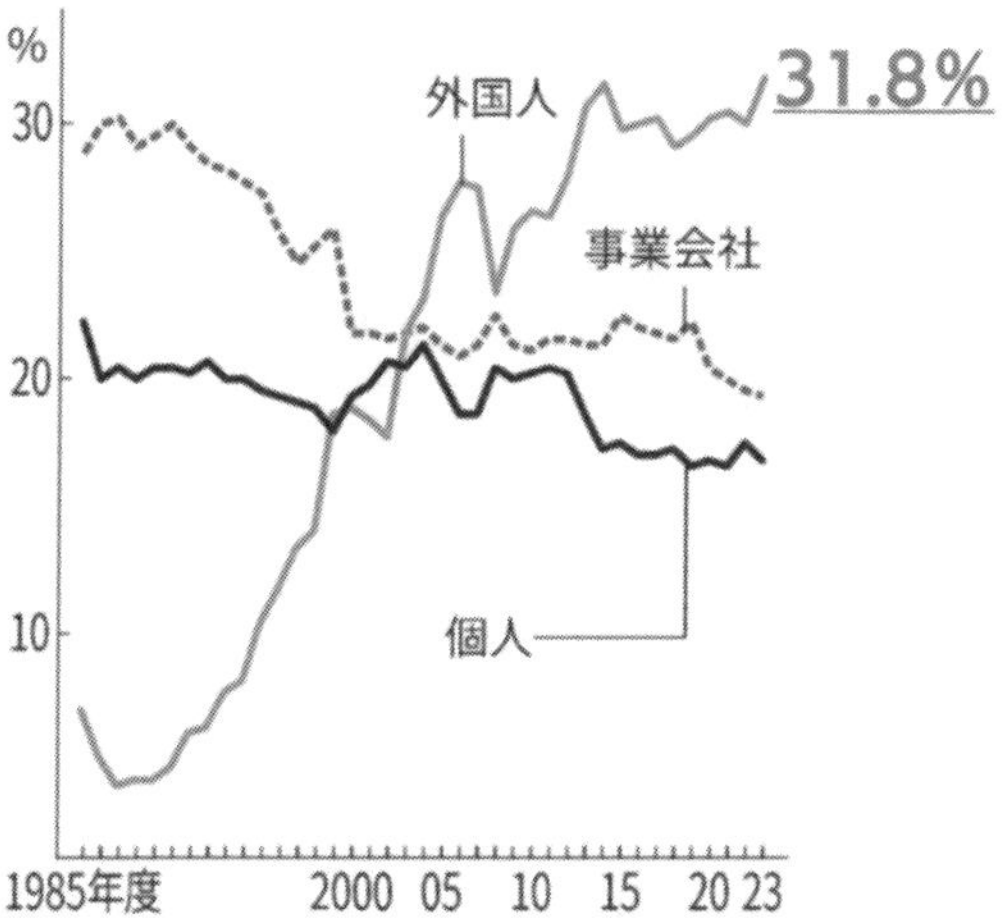

日本企業の株主割合の年間推移
出所：東京証券取引所

ています。

かつて、日本の企業の株の多くは日本の金融機関が持っていました。金融機関は日本国民からお金を集めて、その運用として日本企業に貸し付けを行い、さらに株式の保有もしていたのです。すると、日本企業が上げた利益は、金利と配当で日本の金融機関に渡り、その利益を金融機関が国民に分配してくれていたのです。多い時には8～10％の利回りで、国民に利益配当がなされていました。金融機関にお金を預けておけばお金が増えるという保証があったので、国民は安心してお金が使えたのです。この時の日本経済は「ジャパン・アズ・Ｎｏ・１」と言われるくらい世界で最も力を持っていました。

しかし、その仕組みをグローバルエリートに指摘されてしまい、日本の金融機関は規制をかけられて、保有していた株を売らされたわけです。抵抗した気概ある政治家や役人もいましたが、スキャンダルなどで潰されてしまいました。その結果、日本人や企業が持っていた株が、どんどんとグローバルエリートがコントロールする外国資本に買われていったという経緯を我々は知っておかねばなりません。そして今や日本の大企業の多くがその約半数の株式を外国資本に握られており、会社の経営にまで口を出されています。このことに気がついている賢明な経営者は会社の上場廃止を進めていますが、マスメディアに踊らされる経営者は自ら進んで外国人投資家に株式を買ってもらい、それを自分の会社が認められたといって喜んでいます。マネーゲームを行いたい経営者はそれでいいのでしょう。しかし、会社には従業員がいます。顧客がいます。そうした人たちの最善の利益を考えた時には、経営の在り方は変わるはずですが、会社は社会の公器であるといったような経営哲学は死んでしまっているのかもしれません。

外国人投資家は、自分たちが得る利益の最大化しか考えていません。それは歴史を振り返ってみた時に、植民地のプランテーションで働く奴隷の生活の向上を考えた投資家がいなかったのと同じ理屈です。戦後の日本人はそこを理解せずに、無警戒に外国資本を受け入れた結果、多くの人が貧しくされたのです。よく人口減少が経済停滞の原因だと言いますが、人口が減っても経済が成長している国はたくさんあるのです。経済が停滞したから余計に人口が減ったのではないでしょうか。そして、減ったところに外国人労働者（移民）を入れて、さらに安い賃金で働いてもらおうとしているのが今の日本政府です。

こういった事情を、多くの日本人は認識していません。日本政府や財務省は日本経済が

財務省 法人企業統計調査 2023の時系列データ
（賃金・配当金・経常利益・内部留保）

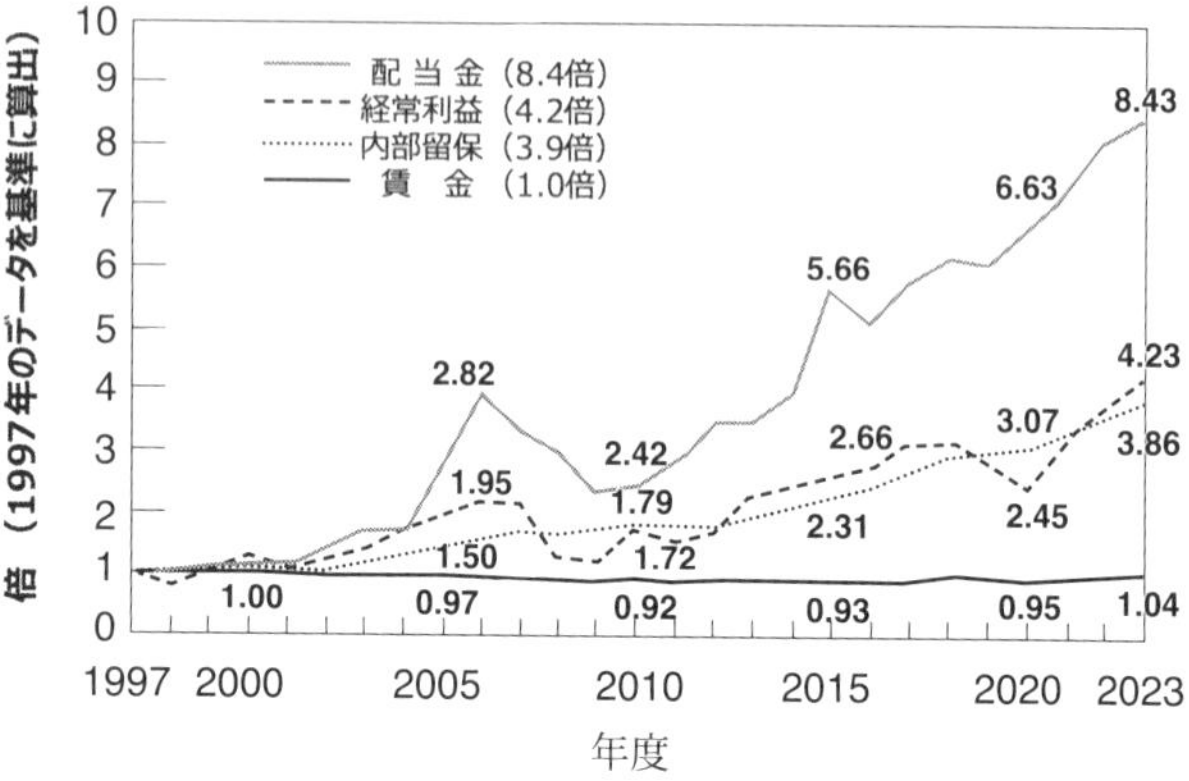

停滞している理由は人口減少だと弁解していますが、現在は世界の先進国の大半は人口が減少傾向です。それらの国々は数十年間でＧＤＰを２倍、３倍に上昇させているわけですから、人口減少＝経済停滞ではないのです。

通常、国家の経済が低迷している場合は、政府が支出して公共事業などの需要を作るといった対策を行います。しかし、日本では公共事業が税金の無駄遣いとメディアから批判された結果、年々縮小して、その結果、需要は減り、政府の税収は低下して、日本全体の経済の循環が滞ってしまいました。国債を大量に発行するという手法もありますが、日本にはＧＨＱ主導の下に立案された「財政法４条」という多額の赤字国債の交付を禁止する法律が存在します。

さらに、政府がプライマリーバランス（社会保障や公共事業などの行政サービスを提供するための経費を税収でまかなえていることを示す指標）の黒字化を目標にした結果、日本では長年に渡《わた》って緊縮財政が実施されました。それでも、景気が上向きになるタイミングが数度あったのですが、そのたびに収支を合わせるのを名目に日本政府が消費税を増税したため、毎回景気は腰折れになりました。

日本の経済が長期にわたって低迷したのは、日本政府の政策も大きな要因です。

外国のまやかしによって自国の企業の売り上げを上納し続けてきた日本政府は、最近は「投資立国」を自称して、ＮＩＳＡなどの投資を推奨しています。しかし、ＮＩＳＡで発生した利益の多くが外国株の購入に使われているため、結局、外国にお金が流れる仕組みになっています。投資によって毎月１兆円ほどの個人資産が外国に流れているというデータもあり、私は投資が昨今の急激な円安の原因の一つになっていると考えています。

外国人が保有する株式の割合を減らす、政府が所有するお金を企業に回す、消費税を大幅に減少して消費意欲を喚起する、財政法４条を改正して赤字国債を大量に発行するといった根本的な変革を実施しなければ、日本経済が上昇するのは不可能です。

しかし、こうした改革は、日本を利用して利益を得る外国勢力の考えと衝突します。

相当な難儀ではありますが、外国勢力から非難を受けない形で改革を進める必要はあるでしょう。

人口減少を招いている外国人優遇政策

ＢＩＳ規制のように、外国勢力がルールを変更した結果、日本の経済は停滞して、外国側が儲かる仕組みの中で日本人は働かされ続けてきました。近年になって少子高齢化に伴い各産業が人手不足状態となり、賃上げの機運が高まった途端、日本政府は「育成就労制度」を設立して、外国人労働者が就労しやすい状態にしました。

２０２４年７月24日の総務省発表によると、日本の総人口は昨年度に比べると86万１２３７人減少したそうです。23年度の日本における総死者数が約１５８万人であったのに対して、出生数が約72万人でしたから、差し引きで総人口が86万人減ったのです。

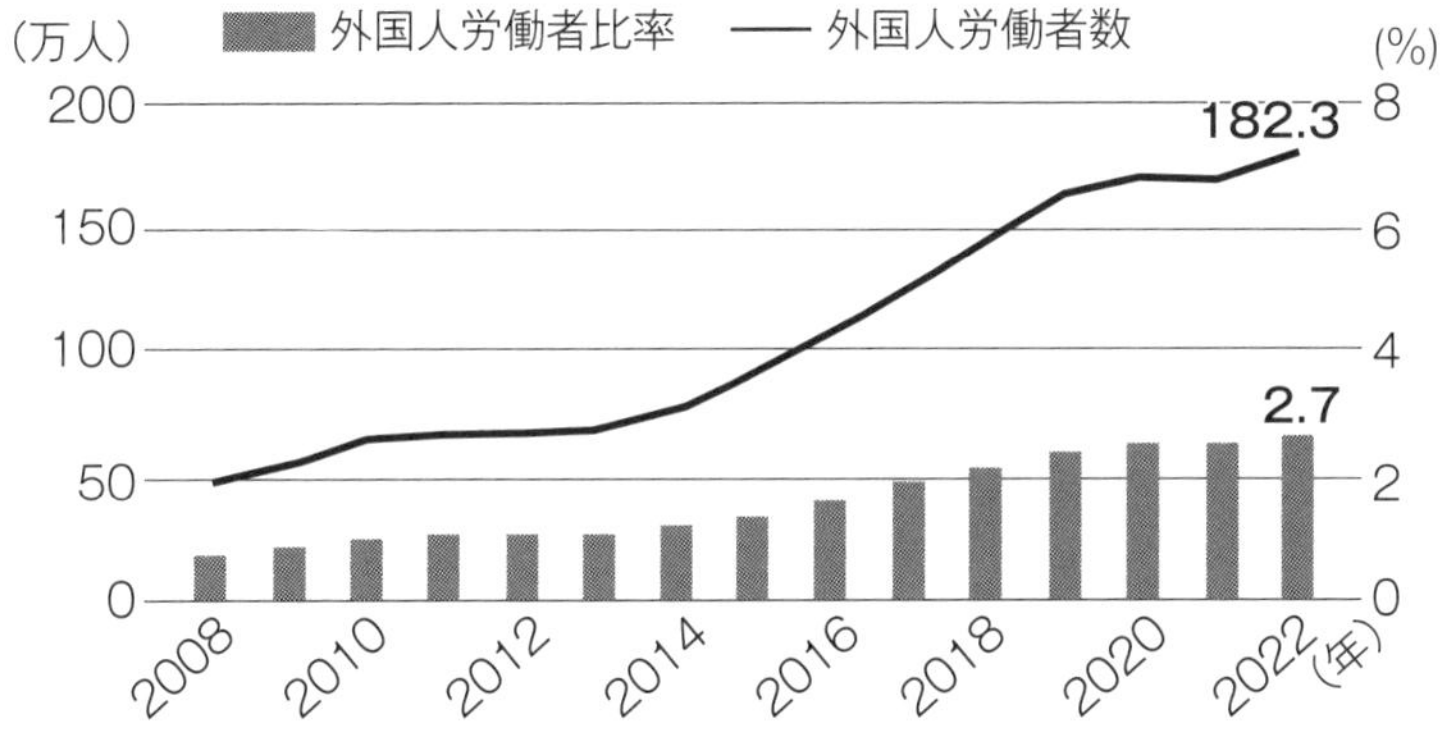

日本の外国人労働者の総数と割合の推移

23年度の日本人の人口減少数が過去最多であった一方、在日外国人の総数は約300万人から332万人に増加したのです。わずか1年間で32万人、比率で見ると11％の割合で外国人の人口が増えたということであり、この割合は過去最大でした。

2024年度は、日本人の総人口が90万人以上減少する一方、技能実習生制度の変化に伴い、23年以上に外国人が増加すると予測されています。このまま、日本人の人口が100万人規模で減少して、50万人規模で在日外国人が増加していった場合、日本の人口比率は激変するでしょう。

ドイツの場合、アンゲラ・メルケル政権時代に外国人移民を大量に受け入れた結果、現在は、国内人口の30％近くが外国人または移民という状態です。私が話す機会があったドイツの国会議員は、移民の増加が一番の政治課題だと仰っていました。

現在のドイツでは外国系の増加によって、犯罪の増加、社会保障の高コスト化、宗教的対立といった問題が発生しています。経済的にも外資系に支配されている状態で、国内の売り上げ上位40社の株式の85%は、外国人が保有している状態です。ドイツ人たちは、その現状を、皮肉をこめて「ジャーマン・ダック」(ドイツのアヒル)と呼んでいます。

ドイツは2024年度に日本に変わってGDP3位になりましたが、実体経済は、とても貧しい状態です。私がドイツを訪れた際、ミュンヘンやニュルンベルクといった大都市の中心街に佇《たたず》む百貨店の多くが閉店している状態でした。

現在のドイツ国内には約400万人のイスラム教徒が在住しており、彼らは生活習慣で刃物を持ち歩く習慣があるので、ドイツ国内では殺傷事件が多発しています。イスラム教徒は多産の傾向があるので、今後はさらに増加すると予想されています。

全く異なる文化を持つ外国人が大量に流入すると、数々の問題が発生します。日本でも、すでに政府関係機関、地方自治体などの各公的機関や企業の中枢部に外国籍職員が増加しつつあるため、現在のドイツのような状態になる可能性は、十分にあり得るのです。

私たち参政党は、日本を運営する権限を持つのは、あくまでも主権者である国民だと考えています。そのため、日本に長年滞在する予定の外国人には試験を課して、日本人、または日本人の協力者として日本のため尽力する意思がある者だけに滞在を認めるべきだと思います。

期間限定の外国人労働者に対しては、不法滞在などを許さない強固な管理システムを構築すべきですし、留学生を日本人学生以上に優遇しない制度に変えるべきです。また、ドイツの事例を繰り返さないために、あらかじめ外国人の受け入れ数の上限を定めて、入国する人数を制御することも必要だと思います。

日本政府主導で切り売りされる日本の資産

現在の日本経済システム下では、日本人労働者の賃金は上がらない、賃金が上がらないので人口が減る、人口が減ったところに安い外国の労働力が入る結果、日本人の比率がさらに減少するという悪循環に陥っています。

将来の日本は、外国人移住者が増える可能性が高いのですが、外国人移民たちが日本で就業して納税を行えば、各方面から外国人参政権の認可が求められるようになるでしょう。現代の日本人の多くは政治意識が低く、総選挙の投票率も50％前後という状態である一方、大抵の外国人は日本人より政治意識が高いので、外国人参政権が認められたら、数多くの外国由来の人物が今以上に日本の政治に入り込む形になります。そうなれば、そう遠くない未来に外国系の人々が日本の運営に関わるようになり、さらに門戸が開かれ、最終的には日本も多民族国家となるでしょう。それがグローバルエリートの目指すところです。

外国系の人々が政治を動かす多民族国家にはまだ日本はなっていないのですが、日本政府はどんどんと外国人やその資本を受け入れ、森林や水源、公共資産を次々と売り払っています。２０１６年に農地法が改正されて、法人による農地所有の要件が緩和されました。翌17年は種子法が改正されて、種子のデータが開放されました。18年には漁業法が改正されて、漁協が保持する漁業権が制限されるようになりました。同年には水道法が改正されたことにより、民間企業による上水道の運営権が制限されて、森林経営管理法が制定されて民有林の管理権が販売可能となりました。19年には国有林野管理経営法が改正さ

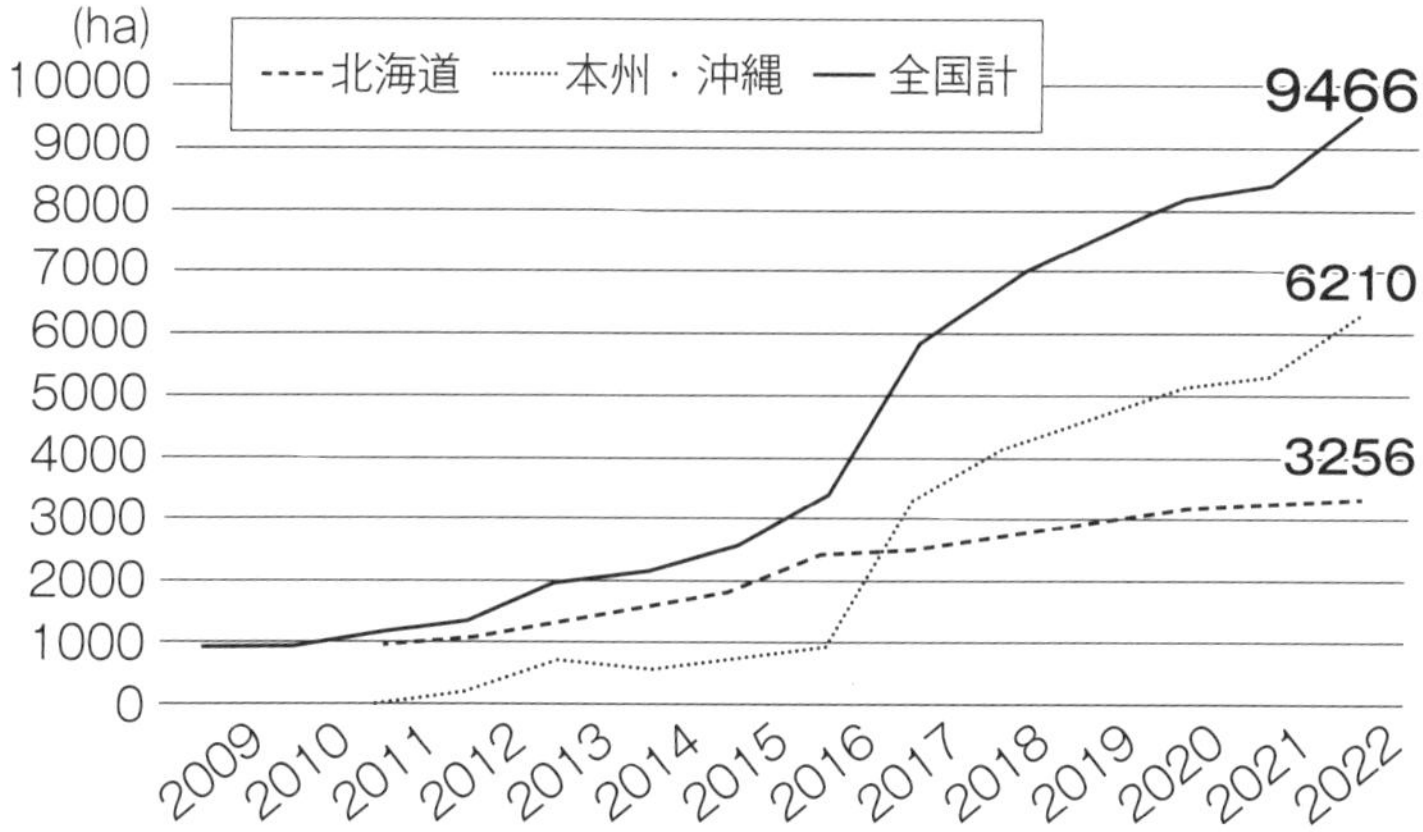

外資が買収した日本の森林面積の推移

れて、林野伐採権が販売可能になったのです。その結果、外資系に買収された日本国内の森林面積は、２０２２年度には東京ドーム２０２５個分の９４６６haにも達しました（農林水産省調査）。

２０２４年７月、当時の岸田文雄総理大臣は、日本の国立公園に高級リゾートホテルを誘致して観光客を増やす事業を推進していると発表しましたが、そのような事業を実施すれば、おそらく外国資本が国定公園内の本来ならば建物を設置できない場所に強引な形でリゾートホテルを建設して、強引に観光客を呼び込もうとすると予測されます。

そして、２０２５年度に改正が検討されているのは「ＮＴＴ法」です。現在のＮＴＴ株は、日本政府が33％保持するのが義務付けられているのですが、それが売り出されて外資系が買収する形になれば、旧電電公社時代から日本国民が数十年かけて築いてきた社会インフラが外資系に奪われるという状態になります。またインフラだけではなくＮＴＴが持つシステムにも外資の影響力が及べば、そのシステムで運用される国民の情報も外国企業がビジネスに使用できることになります。

このように、日本政府の政策によって、日本の土地や企業の大半が外資系に売却された場合、日本という国家の運営はグローバルエリートをはじめとする外国勢力が担う形になるでしょう。

本章では、グローバルエリートの行ってきた情報操作や政治活動、経済活動の在り方を紹介し、それらが日本や我々の生活にどんな影響を与えてきたかを簡単に紹介してきました。そしてそこに加えてデジタル社会における主権を奪われれば、情報や経済活動のコントロールがさらに容易になるということを繋げて考えてもらいたいのです。

日本政府は日本人のデジタル主権を守るために、デジタル庁を設立したのだと私は信じたいです。そうであるならば、日本の技術によるデジタルプラットフォームを作り、そこに日本人の情報を載せて管理し、お金も日本人や日本の企業に落ちる仕組みを作っていかねばなりません。それを実現するには日本国民の情報レベルを上げて、世論を作っていかねばならないのです。それをやっていかねば、日本人は経済的に搾取され、情報分野でも監視されるという奴隷のような状態に置かれてしまうリスクがあります。こんなことを書くとＳＦ映画の見過ぎだと笑われるかもしれませんが、最悪の事態を想定しながら政策を考えていくのが政治家の仕事だとも考えています。

第4章

数百年前から続く日本とグローバリズムの戦い

日本人は世界の支配構造を理解していない

私たち国会議員の仕事は、自国民の利益を最大化するための政策を発案することです。利益を最大化するために各国がしのぎを削るという例は多々ありましたが、現代は、国家対国家ではなく、国家対グローバルエリートという構図になっているのです。日本では、その事実が知られていないため、日本人が政治を語る際は、未だに対米、対中、あるいは保守系と革新系といった話に終始します。

多くの日本人は、世界の支配体制が三層構造になっていることに気づいていません。

現在は、グローバルエリートが大半の国家の政府をコントロールしている状態であるため、政府は国民の声より自分たちの上位存在であるグローバルエリートの意見を優先するのです。だからこそ、世界中で一部の層しか望んでいないLGBT関連の法案が次々と可決されて、コロナ禍の際は、マスメディアによって有り余っていたマスクが不足しているという情報が飛び交い、コロナワクチンを接種しない場合の危険性が流布されたので、多くの人は半ば脅迫されてワクチン接種に踏み切ったのです。

現在は、世界がそのような状態ですから、本来ならば民族や国家同士が争っている時ではないのだと考えています。

日本の歴史の背後にもグローバルエリートが存在した

そして、日本は戦国時代からグローバルエリートの標的にされ続けています。

日本が戦国時代真っ只中だった15世紀から16世紀にかけて、「サラゴサ条約」「トルデシリャス条約」が締結されたのに伴い、スペインが大西洋方面、ポルトガルが太平洋方面に進出して、アジアや南米など世界各地を次々と侵略しました。サラゴサ条約が締結されてから20年後の1549年にイエズス会宣教師のフランシスコ・ザビエルが現在の鹿児島県に来着したのを皮切りに、スペインやポルトガルの宣教師たちが布教活動を行ったのですが、彼らは日本の情報を集めるスパイでもあり、日本の国情を調べて本国に通達していました。

当時の日本は戦国時代の真っ只中で、国内に多くの戦闘員がいました。また、種子島に漂着したポルトガル人が伝えた火縄銃の技術が全国に伝わって、当時の欧州諸国の総数を上回る数の火縄銃が日本には存在したのです。日本が強大な戦力を有していると知った宣教師たちは、本国が日本と戦争を行っても勝てないと通達しました。そこで彼らは、キリスト教を日本国内で布教して、キリシタン大名などを自分たちの仲間として、内紛を起こして転覆させようと画策したのです。

欧州諸国の策略にいち早く気づいたのが、当時の日本の最高権力者だった豊臣秀吉でした。秀吉は日本国内にやってきたスペイン人を捕えて取り調べを行ったところ、彼らは、本国が世界の覇権を握ろうとして世界中に宣教師を送り込んだ上で乗っ取りを行っていると証言したのです。そのため、秀吉はバテレン追放令を発布して欧州の勢力を排除しようとしたのですが、国内に深く入り込んだキリスト教勢力を追い出すことは容易ではありませんでした。

徳川家康が天下統一を目指していたころ、オランダの東インド会社の使節団が家康の元を訪れました。彼らは、強力な兵器を持つスペインとポルトガルが家康の敵対勢力である豊臣方に加担していると警告して、自分たちと手を組むよう交渉を持ちかけました。オランダがカトリック国家のスペイン・ポルトガルと対立していた理由は、堕落したカトリック教会に対抗するプロテスタントや迫害を受けたユダヤ人商人らが、1568年からスペインに対し独立戦争（オランダ独立戦争）を仕掛けていたからです。

家康はオランダと協力関係を結ぶのを承諾する代わりに、オランダ製の最新兵器の提供を要求して獲得した兵器を使って大阪冬の陣や夏の陣で勝利を飾りました。家康はオランダ製の兵器によって天下統一を成し遂げたのです。

関ヶ原の戦いが終わって天下統一を果たした家康は、オランダに謝礼を支払う必要がありましたが、日本の領地を渡すわけにはいきません。そこで、戦いが終わって浪人化した武士たちをオランダに傭兵として貸し出したのです。関ヶ原の戦いの後、オランダは東南アジアのスペインの植民地を次々と奪っていったのですが、オランダの先兵となったのが日本の武士だったのです。江戸時代初期には、東南アジア各地に武士たちが築いた日本人町が誕生しました。

家康は強大な力を持った日本の武士をオランダに貸し出すことでオランダとの協力関係を作ることに成功しました。さらにオランダに毎年100トンほどの銀を渡して貿易を行いつつ、禁教令を発布して、三代目徳川家光の時代までに国内からカトリック勢力を追放しました。

日本国内における最後のキリスト教徒による反乱は、1637年に長崎で発生した島原の乱ですが、リーダーの天草四郎の背後にはスペイン、ポルトガルが存在していました。島原の乱時の天草四郎は17歳の少年であり、自力で大砲などの兵器を調達するのは不可能でした。現代でも環境運動などのシンボルに若い学生が利用されたりしますが、天草四郎も幕府に反乱を起こすシンボルとして担がれて利用されたのでしょう。

島原の乱が発生すると、オランダが江戸幕府に対して軍事力の提供を申し出ましたが、幕府側は断りました。その理由は、当時のオランダが台湾やインドネシアなどアジア各地を植民地化して覇権国家化していたからです。当時の江戸幕府は、グローバル勢力を上手に利用しながら国内を統治していました。江戸時代が野蛮な後進国というイメージは、明治以降の教育による捏造です。

欧米の干渉によって方向が定められた日本の近代史

19世紀初頭の英蘭戦争でオランダがイギリスに敗北して、イギリスが新たな覇権国家になると世界情勢が一変して、幕末にはオランダの代わりにイギリスの使節団が日本に訪れました。

幕末というとマシュー・ペリーのアメリカを連想する人が多いでしょうが、当時、最も強い国家はイギリスとロシアでした。日本は薩摩藩と長州藩がイギリスに支援を受けた結果、江戸幕府は打ち倒されたのです。明治維新直後の政治体制は薩長政権と言われますが、その背後にはイギリスが存在していました。

明治時代以降の日本は、イギリスの後ろ盾をもとに日清戦争、日露戦争、第一次世界大戦に参加しました。結果、日清、日露戦争で一番大きな利益を得たのはイギリスとそれを動かした「シティ」というグローバルエリート集団ではなかったでしょうか。

日清戦争で日本に支払われた賠償金は、清国からではなくイングランド銀行から支払われました。イギリスは日本に戦わせることで清国を弱体化させて、敗戦して財力を失った清国に対しては、賠償金を立て替える代わりに清国の領土内に植民地を広げることを要求できたのです。日清戦争とは日本によるイギリスの代理戦争であり、イギリスは漁夫の利を得る形になったと見ることもできます。

そのような視点で日露戦争を見ると、それは不凍港を求めて南下するロシアが日本の脅威だったということだけではなく、世界の覇権をロシアと争っていたイギリスが日本を利用してロシアのアジア進出を止めるとともに、その国力を削ごうとしたと見ることもできます。実際にロシアのバルチック艦隊が日本海に集結するまでに、各地でイギリスが妨害工作をしていたことは有名で、イギリスの工作がなければ日本の連合艦隊もあそこまでの勝利は挙げられなかったと言われています。

第一次世界大戦時、日本はイギリスから陸軍を派遣しろと要請されましたが、それに応じませんでした。第一次世界大戦後の国際連盟設立時に日本は多大な協力を行い、常任理事国になるほどの国力を身につけたのを機に、1919年に行われたパリ講和会議の場において人種的差別撤廃を国際連盟の規約に明記しようと提案したところ、19世紀後半からあった「黄禍論《こうかろん》」に勢いが付き、日本は孤立させられていくことになります。実際に

1923年には日英同盟を失効させられ、1924年にはアメリカで排日移民法が制定されています。

当時は人種や民族による差別が存在するのは、当たり前の時代でした。さらに、アジアやアフリカ地域を植民地にして利益を得ていたイギリスやアメリカにとって、下等な有色民族である日本人の提案は、到底受け入れられるものではありませんでした。皮肉にも、日本の勇気ある提案を機に世界のブロック化が加速したのです。

資源と植民地を持つ各国が自国と植民地の経済圏でやり取りを行おうとしている最中、世界恐慌が発生しました。経済のブロック化によって日本は必要品の輸入が叶わなくなり、特に資源が不足していたので、石原莞爾《いしはらかんじ》たちが中心となって満洲国を建国しました。自分たちが植民地を作るのは良いが有色人種が植民地を作るのは許せないという欧米人特有の思想もあり、リットン調査団が結成されて満洲国は国際的に違法と見なされました。

国際連盟のアンフェアな判断に納得がいかない日本は、1933年に国際連盟を脱退し孤立。満州国の開発を進めて欧州列強に対抗し得る経済圏の構築に取り組みますが、大陸ではシナ人による日本の民間人虐殺などのテロ行為が相次ぎ、それを鎮圧するために日本軍が大陸内部へと進駐することになります。その流れの中で1937年からの支那事変に突入していくわけですが、相手方の蒋介石に援蒋《えんしょう》ルートを使って武器弾薬を供給していたのはアメリカとイギリス、いやそこに勢力を広げた武器商人のグローバルエリートだったのです。そうしてみると支那事変とは、蒋介石などのシナ人の軍閥を使用したグローバルエリートの代理戦争だったと見ることもできます。約90年前のことですが、現代の世界の状況と似ている部分を感じませんか。

中国に侵攻した日本は国際社会から侵略国家のレッテルを貼られて、ABCD包囲網を敷かれ、経済制裁を受ける中で、無理難題を言われてやむを得ず、英米との戦争に突入します。私もこうした歴史を自分で学ぶまでは、日本が軍国主義に走り、アジアへの侵略行為をして、無謀な戦争を始めたと教わっていましたが、幕末からのグローバリズムの流れを理解し、そこで暗躍する武器商人やグローバルエリートの存在を見ていけば、如何に日本がしてやられたかが分かりました。

実際に、昭和天皇が開戦時に出された「開戦の詔書」を読めば、天皇陛下も東条英機ら政治家や軍部も開戦は望んでいなかったことがよく分かります。一方の英米側は、開戦前からソ連や蒋介石らと密談をし、戦時中にはすでに日本を分断統治して植民地化する計画を立てていたわけです。

それを成し遂げるために、都市部への大空襲や広島・長崎への原爆投下が実施されました。こうした行為は、戦争ではありません。ジェノサイド、ただの虐殺です。戦争には国際的なルールがあり、軍隊同士が戦わねばなりません。非武装の民間人を無差別に殺してはいけないわけです。しかし、日本はそれをやられたという史実を我々は知っておかなければなりません。

1945年日本は天皇陛下の聖断を受けて武器を置きます。そして東京裁判で日本軍も南京で30万人の虐殺をしたという汚名を着せられましたが、南京大虐殺を証明する明確な資料はないということも皆さん知っておいてください。あるのは日本が南京に入ってから南京周辺の人口が増えたという資料です。クソが付くほど真面目な日本人が国際法を無視して、30万人もの民間人を意味なく虐殺するわけがないのです。なぜ、そうしたプロパガンダがなされたのか、それを煽《あお》る日本のマスメディアがあるのかということを我々は考察すべきです。そこに占領統治の実態が見えてくるからです。

4回目の国難を乗り越えるために必要な日本人の意識変化

こうして見てくると日本人が押し寄せるグローバリズムの荒波に抗ったのは最近だけではないことが分かって頂《いただ》けたのではないでしょうか。この400年間だけを見ても、南蛮人（南方からきた野蛮人の意）と呼ばれた戦国時代の宣教師らの第1波。この時は強い軍事力で押し返し、むしろ彼らを利用する力を持っていました。しかし第2波、幕末にやってきた西洋列強を押し返すことはできず、イギリスを招き入れて面従腹背《めんじゅうふくはい》で国力の増強に努めるも1930年以降は舵取りを誤り、彼らの軍門に下ることになります。

そして第3波は戦後の占領統治。軍隊も奪われ、主権もないままに国家の舵取りをしないといけない中でも、日本人は奇跡とも言われる経済復興を果たしました。しかし、抵抗できたのは経済だけで、未だに自分たちで自分の国を守れる軍事力は取り戻せておらず、北朝鮮に連れ去られた拉致被害者すら取り戻せない。また、一番やられているのは精神で、それを育む教育がボロボロです。教育が潰されたのは、第2波の明治維新からだと私は考えます。グローバルエリートが一番恐れたのは、強いものにも果敢に挑む日本人の精神性だったことは間違いなく、明治時代から日本人の精神は崩されてきました。

それが加速したのが戦後です。日本人が独自に世界の情報を取れないようにされ、グローバルエリートの傘下のメディアの情報が垂れ流され、それに異を唱える論調には、報道しない自由を行使するか、「極右」「軍国主義」「陰謀論」といったレッテルを貼り潰してきました。一方で日本人の情報は取りたい放題です。未だに世界各国には当たり前にある「スパイ防止法」が日本にだけはありません。主権を取り戻せていないからです。

また、学校では子供たちが自国に誇りを持てるような「国史」は教えられておらず、神話や皇室といったアイデンティティを高める内容も皆無です。学校でもメディアでも取り扱わないわけですから、日本人はどこで国家に対する思いや民族への誇りを学ぶのでしょうか。それを持っていない人が偏差値を上げる勉強だけして国の要職についても「今だけ、金だけ、自分だけ」になり、結局は長いものに巻かれるだけになるのではないでしょうか。そして、多くの国民は自分たちに自信を失い、その生命の価値を軽んじ、簡単に自らの命を絶ったり、お金のためなら「闇バイト」でも「売春」でも簡単にやってしまうのではないでしょうか。

さらに、哲学や政治学、軍事学、地政学といった国の在り方や戦略を考える学問も失ってしまっています。「経済界にも政界にもリーダーがいない」と嘆く声をたくさん聴きますが、どこにリーダーを育てる教育の場があるのでしょうか。

近年の教育改革と言えば、英語学習、ICT教育、GIGAスクール、教育の無償化といった文言が並びますが、全く的外れです。

今の日本の教育では、自信がなく無気力で、戦略やビジョンは描けず、雇う側にとって都合のいい従順な「今だけ、金だけ、自分だけ」の労働者しか育たないように思いますし、結婚もしなくなる（できなくなる）ので、人口が減り、移民が増えて、日本人がいなくなっていくでしょう。あとはデジタル基盤を整えて、番号と情報で管理してしまえば日本という自立した国家は完全に消滅します。これこそがグローバルエリートが400年かけて望んできた日本の理想の形ではないかと私は考えてしまうのです。

穿《うが》った見方であることは、私も理解しています。しかし、国民の生命や身体、財産、そして国家の主権を守るのが国会議員の仕事ですから、私は最悪のことも想定して危機管理をし、政策を考えていかねばならないと思っているわけです。

そうするとやるべきこともおのずと見えてくるのではないでしょうか。まず一番大切なのは、日本人の意識改革であり、そのための教育です。明治時代以降に教育がおかしくなってきたと想定しますから、我々は江戸時代以前の教育を分析し、現代に合わせたカリキュラムを作るべきです。つまり、人間はどう生きるべきか、社会はどうあるべきかといった「本学」を幼少期から主として学ばせ、そうした学問を身につけた者が、技術や経済などの専門知識といった「末学」を学ぶべきです。現代の教育は「末学」ばかりで「本学」がないのです。

本書のテーマである「デジタル」の時代だからこそ、それを使いこなす人間を作るアナログの教育をしっかりやっておかねば、日本はデジタル植民地とされ、日本人はグローバルエリートに管理されながら生きていくことになりそうです。私はこの危機に向き合う今が第4波、つまり4回目の国難ではないかと感じているのです。

第5章

日本を防衛するための情報と方法

現代になって主流となった情報戦

本章では、個人単位ではなく日本という国家そのものを防衛するために必要な知識と、それを実践するための方法をお伝えします。

「戦争」という言葉を聞くと、大量の兵器を導入して行われる武力戦を想像する人が大半でしょう。しかし、現代では武器を使わないデジタル領域における情報戦が毎日のように行われているのです。その事実は日常では認識されません。

情報戦においては実際に死者が発生するわけではありませんが、武力戦と同じく国家が総力を持って行う戦闘行為であり、国家に与える影響力は武力戦を遥かに上回ります。

暴力を用いない侵略に鈍感な日本人

現在の中国は、サイバー攻撃やデマ情報の流布、企業買収や政治家に対するハニートラップなど、世界各地で数々の策略を展開しています。中国による一連の秘密戦は、

1999年に発表された戦略研究所から「超限戦」と呼ばれています。

戦後教育の影響から、大半の日本人は、武力戦に対しては非常に敏感になっており、周辺諸国が挑発的行為を繰り返しているにもかかわらず、防衛を目的とした武力行使すら完全にタブー視されています。

その一方、周辺諸国に対する偏向的な報道や外資系による企業買収など、武力を用いない侵略行為に対しては鈍感で、自分たちの労働で発生した利益の多くが外国人のものになっているという事実すら把握していません。

会議によって外国との衝突が解決すると考えている方もいますが、国家同士の会議の背後には、武力や経済力が存在します。実質的な武力戦と呼んで差し支えないのです。

正論を振りかざして誠意を尽くして接すれば問題が解決するというのは、日本国内のみで通用する考えです。世界各国は水面下で策略を張り巡らせています。

戦争は三段階で行われる

戦争が行われる最大の意味とは、「敵対する相手を自分の都合の良いようにコントロールすること」です。敵国や敵対勢力を武力で鎮圧しなくても、相手をコントロールして都合の良い状態にすれば、人的・物的被害が発生しない上に、効率良く支配することが可能です。

戦争中に、敵対勢力に対して偽の情報を流して撹乱《かくらん》する、周辺に敵国の不利な情報を拡散して孤立させるという戦術は、太古から世界各地で行われています。

我々はよく「メディアリテラシー」を高めるといった言い方をしますが、このリテラシーとは「文字を読んだり書いたりする能力」のことです。かつては一定以上の身分でないと読み書きができなかったので、大衆のコントロールは簡単でしたが、現代は読み書きを教えないという制限はできないので、如何に自分たちの有利な情報を流して相手を誘導するかということに主眼が置かれます。つまり、現代の「メディアリテラシー」とは、文章を読むことや映像を見ることではなく、その背景にある発信者の意図を読み解き、騙されたり誘導されたりしないことを指すのです。
現代の戦争は、

1・相手の情報統制を破壊し支配する情報戦
2・相手の経済力を奪って食糧や物品の流通を止める経済戦
3・武力を行使する武力戦

という、三段階で進められていくので入口の情報戦で敗れていては、武力で戦う前に敗れていることになり、情報戦で敗れた上で進められる武力戦は、物事の決着を付けるためではなく、武器商人のビジネスのために行われる無益な戦いになるということを理解しておいてください。武力による侵攻を食い止めるためには、情報の支配権を握られてはならないのです。

現代の日本で展開される情報戦

日本でも、現在進行形で情報戦が展開されています。多くの人は無警戒に情報を受け取って、無意識に支配されているのです。本項では日常社会で行われる情報戦を列挙します。

1・マスメディアによる偏向報道

現代日本においては、未だに絶大な影響力を持つテレビ・新聞といったマスメディアの大半は、グローバルエリートなど日本の大スポンサーの影響下にあります。そのため、彼らが行う報道には、誇張や捏造が含まれていますし、都合の悪い情報に対しては「報道しない」という操作もできるのです。

「広報の父」として知られる広報活動とプロパガンダの専門家であるエドワード・バーネイズは、自著でメディアの作り手側は人々を情報でコントロールするために意図的なプロパガンダ情報を流していると語っていますが、それは真実です。

事件の報道に関して、大半のメディアが似たような見出しや論調で語られるのは、それらが、メディアが独自に取材や精査したものではなく、事前に打ち合わせが行われた結果、大スポンサーである特定の勢力の意向に即するよう「造られたもの」だからです。特に日本のマスメディアは異口同音である例が多いのです。

コロナワクチンの接種が開始した際は、製薬会社が多くのマスメディアのスポンサーになっていることから、ワクチンを否定するような発言は一切できない状態でした。また、ワクチンで大量の健康被害が出てもほとんど報道されていません。

報道番組以外でも、テレビの刑事ドラマのスポンサーが自動車会社であった場合、主人公の刑事が常用する車がスポンサーの自動車会社製、犯人が逃走のために使う車がライバル社製、音楽番組では、大手芸能事務所が売り込んでいるミュージシャンやグループの楽曲の売り上げランキングが不自然に高い、といった忖度《そんたく》は日常茶飯事です。全て宣伝なのです。

もちろん、新聞やテレビの閲覧も行ったら良いと思いますが、そこにある情報は真実そのままではなく、あくまでも「造られたもの」という認識を持たなければ、いつの間にか情報戦の策略にはまり、誰かに操られていたということになるかもしれないのです。

2・SNSやアプリを使った世論誘導

パソコンが一般家庭に普及し始めた1990年後半以降、インターネットが新聞、テレビに並ぶ情報ツールとなりました。誰もが発信可能なインターネットの普及は、情報革命と呼んで差し支えないものでした。

そして、2010年代以降はX（Twitter）やFacebookといったSNSが隆盛して、独自のコミュニティツールが林立する事態となりました。

近年は、重大な出来事が発生するたびにSNSを使った世論誘導が行われます。代表例を挙げると、2016年度の米大統領選挙時は、マスメディアが総力を挙げてドナルド・トランプ氏を批判したにも関わらず、トランプ氏が当選したのは、SNS上にトランプ氏を賞賛する意見と、対抗馬のヒラリー・クリントン氏を批判する意見が大量に投稿されたからです。現在も、ＳＮＳを閲覧すると、ロシア・ウクライナ戦争やイスラエル・ガザ戦争に対する双方からのデマ情報が多く投稿されています。

個人単位でも、近年はＳＮＳを使った詐欺行為が多発しています。従来は、インフルエンサーや芸能人、企業経営者といった著名人の偽アカウントを開設して、金銭を騙し取る「なりすまし詐欺」が主流でしたが、今後は、画像や動画などの生成ＡＩ（人工知能）を使用した詐欺行為が頻発すると予想されています。

中国には、「五毛党《ごもうとう》」と呼ばれる、インターネット上において中国共産党にとって都合が良い世論を投稿する一方、都合の悪い情報や団体を攻撃するサイバー集団が存在します。書き込み一件に対して５毛（１・５円）が支払われることから、その名が付けられました。

Ｍｉｃｒｏｓｏｆｔ社が２０２３年９月８日までに公表した「サイバー攻撃に関する調査報告書」によると、中国の五毛党が作成したと思わしきアカウントがＳＮＳ上に大量に存在して、生成ＡＩを使用してアメリカの世論を誘導しようと試みている可能性があると指摘しました。日本も当然に標的にされているでしょう。

生成ＡＩを使用したフェイク画像やフェイク動画はインターネット上に溢れ返っていま

す。一見本物に見えますが、人間が奇妙な動作を行う、指や腕が不自然な形になっている、文字が潰れているといった特徴がありますので、ネット上で衝撃的な画像や動画を見た際は、まずは冷静になって確認してください。

ＳＮＳのみならず、キャッシュレスアプリや通話アプリ、一部のゲームアプリは、使用するだけで様々なポイントが獲得できるのが特徴ですが、その見返りが個人情報の流出という意識を持っておいた方が良いでしょう。インターネット技術の普及以降、私たちは絶えず管理されて自分の情報が晒される状態になりました。

ＳＮＳやアプリを使用する場合、「どこかで監視されている」という意識を持ち、安易に登録に同意しないなど、慎重な姿勢を持つことが肝心です。

マスメディアや政府関係者が、「ＳＮＳの偽情報が酷いのでＳＮＳに制限をかけるべきだ」という意見を発することがありますが、私はそれには反対です。なぜならば、先に述べたようにマスメディアの情報や政府発表が全て正しいわけではないので、ＳＮＳによって真実の情報を知る権利が我々にはあるからです。

一方でＳＮＳの情報は玉石混交で、「石」が多いことも確かです。ですから我々は、マスメディアの情報もSNSの情報も集めながら、どちらが良い悪いではなくて、何が正しいのかを自分で考えて、人と情報交換しながら自分の情報を作り上げていく作業をせねばならないと考えています。誰かがくれた情報は「インフォメーション」、それを自分で組み上げて行動の指針とする情報を「インテリジェンス」というように私は区別して使うようにしています。

今の日本の学校教育では、決まった答えをより早く導き出す訓練しかしないので、現代の日本人は「誰かが正しい答えを持っている」という錯覚を持っており、自分の頭で考えようと言うと、ものすごく嫌がられます。中には、そんな面倒なことをやらないといけないくらいなら、流されていた（騙されていた）方が楽だという人もおられます。しかし、それでは日本人は「管理された奴隷の道」へまっしぐらです。「インテリジェンス」を組み上げるのには小さい時からの訓練が必要なので、教育の中でその力を身につけさせていく必要があると考えています。

3・偏向的な歴史教育

私は21歳の時に世界18カ国を回りました。外国で同世代の若者たちと話した際、「日本人として、自分の国をどうしたいのか?」といった内容を問われて、答えられなかったことが、日本の教育や政治について考えるようになったきっかけでした。

国籍に限らず、外国の若者が自分の祖国を語る際は、大抵肯定する内容で、否定する機会はほとんどありませんでした。それに対して日本人は、特に外国人を前にした時は自国を卑下するような表現を使いがちです。さらに、外国の若者たちの中には自国の未来について明確な展望を抱いている人が一定の割合でいたのですが、日本の若者の大半は学生時代の私も含めて何も考えていません。

具体例を挙げると、ある財団が世界各国の18歳の若者に対して「あなたの力で社会は変えられると思いますか?」という意識調査を行ったところ、インド人の若者の約8割、アメリカ人と中国人の若者の約7割が「変えられる」と返答したのに対して、日本の若者の8割が「変えられない」と返答したのです。18歳で国の未来を諦めていたら、選挙にも行かないでしょうし、結婚して子供を授かり育てていくことに希望は持てないだろうと思います。

私の世代も大半が政治に無関心で、私が帰国後に友人たちの前で日本の状況を危惧した言葉を発すると、「外国で妙な宗教にでも入ったのか?」と、バカにされました。

日本人の意識が変化した最大の要因は、大東亜戦争終結後のGHQ主導による自虐的な歴史教育の影響ではないかと私は考えています。

GHQは、日本が再び欧米諸国の対抗勢力にならないように、戦前・戦時中の日本政府や旧日本軍の行為は全て間違っていたと断定して、大東亜戦争は日本による無謀な侵略戦争とする歴史教育を行うよう、当時の日本政府に通達しました。その結果、戦前・戦時中の日本=悪、欧米諸国=正義、日本が統治していた地域=善良な被害者という認識が日本人の心理に刷り込まれる形となりました。

日本人が自虐的な教育を素直に受け入れた要因は、メディアによる情報コントロールだけではなく大東亜戦争の苛烈な記憶があったからだと思います。大東亜戦争による日本人の死者数はおよそ310万人で、その内軍人帰属者の戦死者が230万人です。さらに、東京大空襲をはじめとして、何度も都市部が空襲被害を受けて、世界で唯一、原子爆弾による攻撃を受けて広島市では約14万人、長崎市では約7万4000人が命を落としました。その上での敗戦は全ての日本国民に絶大なトラウマとなり、戦前、戦時中の日本に対する嫌悪感となり、それが自虐教育の肯定に繋がったのではないでしょうか。

自虐教育による弊害として、現在もなお、学校教育下では軍事について語ること自体がタブー視されています。軍事について触れる際は、「安全保障」といった聞こえの良い言葉に変えられて、例え、日本が武力攻撃を受けたとしても、武力による反撃は行ってはならないという教育が浸透した結果、日本人の国防に対する意識は大幅に低下し、それは外交力の低下にも繋がっています。

過去の歴史についても同様、日本の歴史教科書には戦国時代にポルトガル人が現在の鹿児島県の種子島に渡来して鉄砲の技術を伝えたと記されています。しかし、その後に日本人が独自に鉄砲の製造技術を編み出して、数年後には世界一の鉄砲保有国になったという史実が教えられる機会はありません。この話は、日本人の勤勉性や技術力の高さを示していますが、現行の教育下では日本人を称賛することは許されないような空気すらあります。

また、本来の江戸時代は、高い識字率、下水道や公衆トイレが設置された衛生的な都市、庶民が歌舞伎や浮世絵を生み出していたなど、高度な文化が根付いていたのですが、日本の歴史教育下では、江戸時代の日本は野蛮な後進国で、西洋による開国によって近代化したと教えられています。

一方、世界史に目を向けると、欧米諸国にとって都合が良い視点で語られているのが特徴です。世界史の教科書には、15世紀半ばから開始した欧州諸国による海外進出を「大航海時代」というロマン溢れる名前で記述していますが、当時の欧州諸国の目的は、他地域の資源や物品を略奪した上で人々を支配することであり、実際は「大侵略時代」でした。

欧州人たちの支配の方法は、キリスト教の布教を名目にした宣教師をスパイとして送り込み、現地の情報を把握した後、各部族に偽の情報を吹き込んで対立状態を促した上で、互いが争って消耗した後に軍隊が攻め入って支配するという「分離工作」です。こうした分離工作は、今でも世界中で行われています。

学校教育で教わる歴史は、「造られた歴史」といっても過言ではありません。

さらに加えるなら、GHQの計画により、学校教育の場で天皇陛下について論じる機会が消失した結果、多くの日本人が天皇陛下の存在意義を知る術がなくなってしまいました。

歴代の天皇陛下は日本の「権威」を司り、征夷《せいい》大将軍などの為政者が「権力」を司るというのが、今日まで続く日本の体制です。天皇陛下は全ての日本人の親のような存在で、日本人は天皇陛下の大切な子供である「大御宝《おおみたから》」として見なされ、権力者が国民から搾取してはならず、国民が安寧に暮らせるように務めるのが権力者の役割。そして「権威」である天皇陛下が、神事を行いながら権力者の暴走に歯止めをかけ国民を守る、よって国民が皇室に敬意を持って国家のために協力していく「君民一体」の統治体制を長い歴史の中で培ってきたのです。

また、天皇陛下は「国民を大切にせよ、皆が話し合って決めよ」という理念を持っておられ、自らが積極的に政治に参加する機会は少なかったのです。つまり、日本には古から、現代の立憲君主制と呼ばれる民主主義体制と同様の思想が根付いていたため、外国のように絶対的権力者による弾圧や大規模虐殺が発生しなかったのです。

長い歴史の中で情報を集めてこられた天皇陛下や皇族の方々は、日本の歴史や文化に関する膨大な情報を代々継承しておられます。言わば、天皇陛下と皇族は日本の歴史のデータベースのような役割を果たしており、それが失われてしまうと日本のアイデンティティ自体が消失してしまうのです。

そのような背景が存在するため、終戦時には、天皇陛下と皇室の存続を絶対条件としたのですが、こうしたことを日本人が学ぶ機会すらなくなってしまっているのが実態です。

こうした問題意識を持っているので、参政党は歴史や神話、皇室の存在意義をしっかりと若者に伝えようと訴えています。こうしたことを行っていくことで、国家に対する感謝や帰属意識が芽生え、自分たちの生活と国の未来をセットに考えられるようになり、そうした思考を打ち消そうとしてきた戦後の政治やマスメディアの問題に気がついてもらいたいのです。

コラム　選挙戦とサイバー攻撃

衆院選公示日の2024年10月15日に自民党のホームページが一時閲覧不能となった件は大きく報じられました。ただ、世界では選挙期間にサイバー攻撃やサイバー空間における諜報活動（サイバーエスピオナージ）が行われるのは一般的です。ひと昔前までは政府関連システムへの攻撃や関係者へのフィッシングメールなど対象が限定された攻撃が主でした。しかし、近年はSNSやディープフェイクなどによる影響工作・浸透工作（インフルエンスオペレーション）など国全体の主権活動への干渉を行うような攻撃へと広がりを見せています。我が国でも真摯に向き合い備えなければ、国家支援を受けたステートスポンサード攻撃により、外国に主権を脅かされる可能性は大いにあります。冒頭に挙げた自民党のホームページへの攻撃を実行した組織であるNoName057（16）は、日本の組織が運営する21件のURLに攻撃の被害をもたらし、特に日本海洋データセンター（Japan Oceanographic Data Center: JODC）が身代金要求されるなどの被害を受け、防衛上重要な情報である近海の海洋情報が外国勢力の手に渡っています。

およそ150年前、ペリー来航時にも海洋データが外国の手に渡らないように幕府が江戸湾に作らせた6つの台場（砲台）が、現在のお台場です。平和が続き平和ボケ時代とも教えられる江戸時代ですら海洋データは国家主権に関わる問題として迅速な対応がなされていたことを踏まえると、現在の危機意識不足の深刻さがご理解いただけると思います。

戦前の書物にも〝銃後国民が思想戦に敗けては申し訳ない、国民は、その一人ひとりが防衛戦士として、敵の仕掛ける思想戦の矢面に立って、敵の思想謀略を撃滅しなければならない〟とあります。思想戦にサイバー攻撃が広がった以上、主権を守るべく国民一人ひとりが闘う必要のある時代となったことを自覚せねばなりません。その第一歩は知ること、学ぶことです。

まずは選挙戦において国民が注意を向けるべき攻撃を3つ紹介します。対応の基本は「その情報だけで行動しない、拡散しない、確認は別の媒体で行う」です。

・広告を用いた影響工作・浸透工作（インフルエンスオペレーション）

２０１４年、サンクトペテルブルクに所在があるインターネット・リサーチ・エージェンシー（ＩＲＡ）社は「翻訳者プロジェクト（Project Lakhta）」と呼ばれる対米工作活動を行い、Ｆａｃｅｂｏｏｋの正規の広告サービスを用いて少なくとも３３９３点の政治広告を出稿し世論誘導工作を展開しました。広告の扱いは非常に難しく規制が強ければ言論統制、緩ければ悪意を持ったプロパガンダが容易にできます。日本の憲法改正に係る国民投票法も有償広告に関する課題があり喫緊の課題として議論すべきはずですが、まずは情報に対するお金の流れを普段から意識するところから始めねばなりません。

・ディープフェイク映像を用いた偽情報

２０２４年１月に行われた台湾総統選でも話題になりましたが、２０２３年10月のインドネシアのジョコ・ウィドド大統領が中国語で演説する偽の動画が、ＳＮＳで拡散しました。２０１９年の大統領選挙で「ジョコ大統領が勝利するよう、選挙管理委員会がコンピュータをセットした」と広がったことでファクトチェック機関のＮＰＯ

「Mafindo（マフィンド）」がファクトチェックを強化したのを嘲笑うかのように、中国語を話すわけがないジョコ大統領の情報の拡散が続きました。基本原則として「フェイクはファクトより拡散する」です。国民のリテラシーが低ければ、情報の拡散が何に加担するのか自覚できません。いきなり国家単位ではなく、地域やコミュニティ単位での具体的な啓蒙活動により、情報に安易に反応しない土壌を築くだけでも攻撃者は効果を発揮できなくなり防護に貢献できます。

・フィッシングメール

歴史的なトランプ大統領の返り咲きに沸いた2024年の米国大統領選挙でしたが、前回トランプ大統領が当選を果たした2016年の米国大統領選挙も「Pawn Storm」という標的型攻撃グループがフィッシング攻撃を通じて多くの政治家や政党関係者から情報を盗み出し、その情報をリークすることで世論に影響を与えようとしました。125万件の漏洩が発生した日本年金機構の個人情報流出の原因もフィッシングメールです。フィッシングメールはメールを使用したオレオレ詐欺とも言われ、やり取りの中で詐欺メールが混入したり、ミスしやすいタイミングを他の情報から見計らってメールを投じられデジタル資産への突破口にされるものです。メールと睨めっこではなく、メールを使用した攻撃の構造を学ぶ研修を実施するのが効果的と言えるでしょう。

もし読者の皆さんが一定規模の組織をまとめる立場にある場合、政府と直接的な仕事を共にしなくとも次の対策の3本柱を押さえておく必要があります。一定の人数さえいる集団であれば攻撃に加担させる存在として有用だからです。対策の3本柱はサイバーセキュリティ教育の強化、人とシステムにおける責任と役割のセグメンテーション、データバックアップとその復元テストです。

実務経験がある方からすればこの3つはやらねばならないのは百も承知、しかし組織の事情で遂行困難なものばかりでしょう。攻撃する側は当然分かった上で対策しにくい箇所を攻撃してきます。組織のセキュリティ人材はそういった困難に切り込める人材でなければ豊富な知識があっても、コンテストで成果を出していても、いざという時に役に立ちません。

2024年5月にドイツ社会民主党がサイバー攻撃に遭ったのをはじめ、台湾、ロシア、アメリカの選挙でもサイバー攻撃が発生し常態化しています。

2023年にリークされたロシアの標的型攻撃グループが使用していた影響工作に用いるツール群の「Amesit」はニュースポータル、SNS、ブログ、フォーラム上の特定の議論を追跡できる他、鉄道システムやパイプラインシステムなどの重要インフラへのサイバー攻撃の演習についても記載があり、これらへのサイバーサボタージュ（サイバー攻撃による物理的破壊）も想定されていたと推察されます。

ありとあらゆるものがデジタルと繋がった社会では逃げ場など存在しません。あなた自身だけでなくあなたが大事に思う人を守り抜くため、一人ひとりが防衛戦士として日々学び見識を深め、主権が不安定になりかねない選挙戦や、オリンピックや万博のような国際イベントといったタイミングで、自分より情報に弱い誰かを守るため皆さんの知識・技術を役立てましょう。

現実に日本に潜伏するスパイ

ここまでは、日本で展開する情報戦についてお伝えしましたが、日本には外国勢力が放った諜報機関員が多数潜伏して、常日頃から日本の内情を調査しています。スパイ映画で描かれる描写は、現実に存在します。

スパイ（諜報機関員）は、行動の特徴から3つに分類されます。

外交官、国有企業幹部やシンクタンク研究員など公的な肩書を有し、それを公開しながら諜報活動を行う人々をオープンラインと呼びます。彼らは仕事の名目の下、（建前は）合法的に諜報活動を展開しているため、取り締まるのが困難です。仮に逮捕しても、外交官という立場上、外交問題になりかねないのです。

肩書を所持していないスパイをシークレットラインと呼びます。シークレットラインは、民間人として来日して、日本企業に就職する、あるいは企業や団体を立ち上げることで、自分たちの拠点を築いて諜報活動を行います。表向きでは偽名を名乗ることが多い傾向があります。

シークレットラインの場合、オープンラインのように国家と直接的な関連性を持っていないため、積極的に非合法活動に関わります。暴力団など日本の反社会勢力とも積極的に交流して、政治家のゴシップなど、日本にとって不都合な情報を集めるのです。

彼らスパイに協力する人物や集団がエージェントです。スパイの傍には、スポッターと呼ばれる工作員が存在して、日本で通常の生活を送りながら、スパイに協力する可能性が高い人物や集団を選抜するのです。

そして、スパイがエージェントを獲得するために使う4つの手法の総称が「MICE」です。

MICEの意味を順に説明すると、Mはお金（Money）。金銭や利益取得を唱えて、協力を要請するのです。Mを行う際は、表層上は合法的なビジネスに見せかけて、スパイが任務を達成した際は、エージェントに法外な代金が支払われます。

Iは思想（Ideology）。マルクス主義、ナショナリズムなど、何らかの形でエージェントに思想を吹き込んで、一種の洗脳状態にしてから協力を要請します。

Cが脅迫・強制（Caution）。エージェント候補の人物が協力を拒否した場合、家族や親族を人質にして、強制的に協力を求めます。主に日本に住む外国人に対して実施される手法です。

最後のEは利己（Ｅｇｏ）。職場でトップになれないなど、何らかの形でコンプレックスを抱いている人を優遇して、利己的な気持ちを刺激した上で協力を求める手法です。

イギリスがインドを統治していた時代、イギリス人に対して従属的なインド人をイギリスに留学させて、イギリスのエリート教育を受けさせた後にインドに戻して官僚や政治家に就任させるという手法が行われていました。留学後のインド人は、イギリスの言う通りにすれば利権と地位が保証されたので、結果的にイギリス側に操られる状態となったのです。現代でも似たような策略が行われています。

そして、ＭＩＣＥ以外にも効果的なのが、ハニートラップです。現在の日本の政治家や公務員は外国人女性と親密な関係になる機会が多く、国会議員が、中国人女性秘書に対して議員会館内を自由に往来できる通行証を与えていたことは話題になりました。また外国人女性に情報を抜かれていた国家公務員が自殺をしたケースもありますし、特定の外国人女性と結婚していると国家の機密情報にアプローチできない仕組みも作られています。これは、差別をしているということではなく、実際に情報漏洩が起こった事例がたくさんあるので、対策を取っていかねばならなくなっているということです。

日本にはスパイを防ぐ手段がない

以前から、各国のスパイにとって日本は諜報活動が行いやすい国であり、「スパイ天国」と揶揄されることがあります。旧ソ連・ＫＧＢ（ソ連国家保安委員会）の将校スタニスラフ・レフチェンコ少佐は、「日本はＫＧＢにとって、もっとも活動しやすい国だった」と語ったことがあるそうです。

日本がスパイ天国である理由は、日本国民の危機管理意識が非常に低いこと、そして、明確なスパイ防止法が存在しないことです。

現在は、国籍条項を廃止して自治体の役所に外国人スタッフが勤務することが増え、外国人が容易に日本人の個人情報を持ち出せます。国防を担う防衛省の情報関連を担当する民間企業のエンジニアが中国企業で、その企業を斡旋したのは、元国会議員だったという話が報道された例もあります。

スパイ防止法を一刻も早く成立させるべきだと私は思うのですが、それが提唱されるたびに司法界の一部から反対や懸念の声が上がるのが恒例です。彼らは司法を通じて、外国勢力にとって都合が良い環境を作ることで、スパイ活動を手助けしているように感じることすらあります。こうした背景が報道される機会はほとんどありませんが、司法の世界も情報戦の舞台となっているのです。

日本人のリーダー意識の低さが情報戦の敗北要因

日本人が、外国勢力が仕掛ける情報戦の餌食になりやすい理由は、優しく、警戒心が薄いからです。

例を挙げると、困っている外国人に対して救いの手を差し伸べるのは、当然正しい行為ではありますが、日本の場合、留学生に対して多額の奨学金を支払うなど、過剰な優遇を行う傾向があります。その理由は、外国からの要請かもしれませんが、誠意を持って相手に尽くすだけでは付け込まれるというのが、世界の常識だと考えます。

かつての日本のリーダーには行動の根幹に哲学がありました。私も少し学んでいますが、江戸時代の儒学者・佐藤一斎が記した「言志四録《げんししろく》」や彼から学んだ西郷隆盛の言葉をまとめた「南洲翁遺訓《なんしゅうおういくん》」などを読むと、人間の本質や国家運営の基本が短い言葉でまとめられています。古今東西、人間の本質はそう大きくは変わりませんから、それを学んでおくことで、決断力やリーダーシップ、そして裏切りや策謀に対する警戒心を身につけていたのだと思います。

ところが現代の日本のリーダーのほとんどはそのようなことを学ぶ機会はなく、企業の中間管理職的な意識と自分の人生経験だけで、物事を判断していますから、より大きなスケールで交渉や駆け引きを挑まれた時に太刀打ちができないわけです。

日本でリーダー教育が行われない理由は、日本をコントロールしようとする勢力が、日本が自立ができないよう仕組んでいるからのように感じます。戦後教育下では、上の指示に従順な中間管理職気質の人間が推奨され続けています。日本の学生が将来就きたい職業として、サラリーマンや公務員が常に上位なのも、教育の影響でしょう。

時折、日本を大きく変えようとする気概を持つ人物が出現しますが、そのたびに社会的、あるいは本当の意味で抹殺され続けてきました。それは、元総理大臣ですら例外ではありませんでした。

「一億総中流社会」と呼ばれて、大半の人が、ある程度豊かな生活を享受したのが、戦後日本の特徴でしたが、現在の日本経済は長期低落傾向で、貧困層が増加しているのが現実です。逆に一部の富裕層の資産は上昇し続けているのですが、日本は特定の勢力が思い描いた理想に近づきつつあります。

私たちが情報戦に負けないためには、まず外国勢力に対抗できる強力なリーダーを養成し、従来の教育方針を根本的に改革する必要があると思います。私たち参政党はまだ小さな政党であり、国政に対する影響力も大きくはありませんが、真実を多くの人々に伝えて、真の意味で日本のリーダーになれる人物を育成したいと考えています。それは国家として情報戦に勝つための必須条件だと思っています。

防諜の意識を普段から心がける

日本で展開されている情報戦の実例を記してきましたが、本項から日本人が情報戦に強くなる方法を記します。

これまで述べてきたように、日本人の情報戦に対する意識は低く、現代のリーダーはそれに対応するための学びも多くの人が受けていません。しかし、歴史を振り返れば日本人がそうした能力に欠けた民族かといえば決してそんなことはないわけです。スポーツの分野などでは、体格や身体能力では劣っていても、努力や鍛錬で諸外国のチームと互角以上の戦いをし、種目によっては優勝するものもあります。情報分野の戦いでもできないのではなく、日本人はやらせてもらっていないというのが正確な表現でしょう。

大東亜戦争後に、GHQが徹底的に日本人の意識や精神性を変えようとしたのは、戦時中の旧日本軍の戦闘力が連合国の予想を大きく上回っていたからです。視点を変えれば、あまりにも日本人が強かったため、外国勢力は日本人の能力を封印したのではないでしょうか。

作家の故・渡部昇一《わたなべしょういち》氏は、日本が敗戦したことを機に、高い地位や大きな利権を得た人々を「敗戦利得者」と名付けました。

「敗戦利得者」は、政治・経済・メディア・教育といった社会をコントロールできるポジションを与えてもらい、日本を弱体化したいと考える人々の意向に沿って日本を統治することで、自分たちは大きな利益を得たのです。もちろんそれに抵抗する日本人もいたわけですが、彼らは「公職追放」という形でポジションを失っていきました。日本の国益を削っていくことで自分たちが利益を享受できる、その構図で数代世襲が続いたため、自分たちの行動が国益にかなうかどうかなど考えられない状態、つまり自分にとって損か得かだけの惰性で行動する人物が社会の中心に居座っているのが今の日本かもしれません。それでは一般の国民は搾取されて貧しくなっていくだけになります。

こうして戦後の状態について繰り返し述べているのは、戦前と比較してほしいからです。戦前の政治には国民啓発に取り組み、全体で国益を守っていこうという発想がありました。

大東亜戦争が開始した昭和16年（１９４１年）に当時の内務省によって発行された「防諜講演資料」は、一般国民に対して諜報を防ぐよう明記した内容です。資料内には、スパイ活動や情報操作に対応するための方法が詳細に記されており、現代の情報戦にも通じる内容です。

私は参議院の委員会で、日本国民の防諜意識を高めることを目的に、当時の浜田靖一防衛大臣に、現代版「防諜講演資料」を作成してほしいと提示したことがあります。その際、浜田防衛大臣は、「情報戦への適切な対応はする」「検討する」と返答されましたが、本気で取り組んではもらえないだろうと感じました。ですから、私は、2023年に「防諜《ぼうちょう》講演資料」を現代風に意訳した『情報戦の教科書——日本を建て直すため「防諜講演資料」を読む』（青林堂）を刊行しました。日本人は学べば変わると信じているからです。

コラム　「日本は情報戦に弱い」は本当なのか

「日本人は〇〇が弱い、××を、外国を見倣うべきだ」と来たら疑うべきです。結論を先に言ってしまえば戦争に負けたから現在情報戦に弱い国家となっているというのが私の見解です。そもそも海洋国家の日本が情報戦に弱くて長い歴史の間、存続できたという理由を探す方が難しいです。むしろ歴史を振り返ると日本は非常に情報を重視し歴史を闘い抜いてきた事実が窺えます。

持統天皇が愛国を授けたことで有名な大伴部博麻《おおともべのはかま》が、自分を「奴隷」として売り、唐が日本を攻める計画を伝えた話は今から1400年前のことです。

信長が第一功を、桶狭間の戦いで戦略上重要な情報をもたらした簗田政綱《やなだまさつな》に授けたことも有名です。

江戸時代も風説録などでロシアやイギリスの情報まで仕入れており、アヘン戦争で清国がイギリスに侵略される中、オランダ風説書などを元に『阿片招禍録《あへんしょうかろく》』を作成し『生鴉片《あへん》取扱規則』を発令し記録や届出など管理を徹底し侵攻を防ぎました。

明治時代以降は、薩長は英国に依存して情報機関の連続性を断って弱体化したと言われますが、日露戦争の明石元二郎の謀略により国家転覆寸前までロシアを追い込んだことからも十分に強大な情報戦の力を有していたと言えます。一般には日本海海戦などの勝利でロシアに勝利したかのような誤解がありますが、ロシアは1000km進行しようが武力戦で倒せない国であることは、当時は常識でした。日本海海戦の勝利は情報戦によりロシア軍にまで反乱を起こし、100万人規模のストライキに国家機能が麻痺するのを何としても止めたかったロシア政府の心を折るには十分に寄与したと言えます。軍人だけでなくバルチック艦隊の情報を宮古島から石垣島まで三日三晩かけて届けた5人の漁師、明治38年（1905年）の久松五勇士《ひさまつごゆうし》などのように民間人も非常に情報に対する意識が高かったことが窺えます。

時は昭和に入り11年（1936年）にGEが行った大学生が無料でシボレーに乗れる試乗体験が学生を狙ったスパイキャンペーンであることを憲兵が看破し頓挫させます。

大東亜戦争開戦までに国内を分断完了しておく算段でしたが逆に挙国一致してしまったとも言われ、中野学校をはじめ人材育成を行いインテリジェンス組織を継続していたことからも、大東亜戦争までは民間人も軍人も情報戦を戦えるだけの力を有していたと考えられます。

しかし、敗戦により情報機関は解体され、OSS（CIA）に引き渡され失いました。

情報戦の能力が失われたと言える根拠は、南京大虐殺と旅順大虐殺を比較することで分かります。実は両方ともアメリカ発の情報で中国を舞台に日本人が万人単位の市民虐殺を行ったと宣伝したプロパガンダという点が共通しています。しかし、日清戦争時に旅順大虐殺をニューヨーク・ワールド紙が報じるも友好国のベルギー外交官（アルベール・ダネタン男爵）に連絡し調査を依頼し捏造を看破、大山大将が『国際法遵守に関する訓諭』を印刷して全兵士に配布するなど、目に見える対策をして、いざ言い掛かりを付けられても対応できる準備を怠らなかったこともあり、プロパガンダは失敗に終わりました。南京大虐殺は今日、報道の間違いを朝日新聞が認めた後も尾を引いていることは皆さんの認識通りです。情報戦へ対抗する力が政府から、そして国民からこの期間の間に失われたのです。

同じく連合国に降伏したドイツは政府がなくなっても、インテリジェンス機関だけは、ロシアの情報を提供し冷戦に協力することと引き換えに死守しました。覆水盆に返らずですが、日本人は情報戦の闘い方は確かに忘れてしまいましたが、記録好きで世界一難易度の高い日本語を使い、情報に強くなる素地は持ち続けているのです。情報戦に対する教育、制度、機関を復活させることは決して非現実的なことではありません。まずは知ること学ぶことから取り戻しましょう。

真実を隠蔽するマスメディア、真実に気づき始めた日本国民

現代の日本国民が情報戦に対する意識が薄いのは、マスメディアが情報をコントロールし、事実を隠蔽していることが大きな要因です。

マスメディアは、隠された事実を伝えようとすると陰謀論とレッテルを貼り封殺しようとします。偏向的な歴史教育、ＧＨＱの占領政策、ナショナリズムとグローバリズムの対立といった真実を日本のメディアで語ることは完全なタブーとなっています。

しかし、２０２０年に行われたアメリカ大統領選と、翌年から開始したコロナワクチンの接種に対するマスメディアの報道などを見て、多くの日本国民が違和感を持ち始めました。

大統領選時のマスメディアは、当時のトランプ大統領の発言を執拗に捉えて、徹底的に

批判した一方、対抗馬のジョー・バイデン氏に対しては好意的な意見のみを報道しました。また、ワクチンが開発される前は副作用など数々の不安要素があったにも関わらず、実際にワクチンが完成すると、マスメディアは異口同音に接種することを推奨しました。さらに、動画サイトにワクチンの危険性を訴える動画がアップされるたびに、逐一消されるという事態になったのです。

日本でも「表現の自由」や「報道の自由」が唱えられていますが、現状は明らかに言論統制が行われています。

その背景には、マスメディアも動画サイトもSNSも結局は営利企業の活動で行われており、彼らのスポンサーである多国籍のグローバル企業やそれを動かすグローバルエリートの意向に逆らえないという事情があるからです。皆さんも、特に大企業で働かれている方は大株主に怒られるようなことはできませんよね。現代の我々は株主資本主義という仕組みの中に完全に組み込まれていて、社会的地位の高い人ほどそれに抗《あらが》いにくくされています。

しかし、世界的に見るとその仕組みに気がついた人たちが、その在り方にNOを突き付け始めています。日本でもその仕組みに気づく人を増やして、国民に届く情報を変えていけば、日本の富を守り国民の生活をより良いものに変えていけると信じています。

情報戦に勝利するための「教育」

私たち参政党は、「教育」を最重要の政策と考えています。なぜなら、教育が人間の意識や精神性を形成することにおいて最も重要な要素になるからです。大東亜戦争後のGHQは、教育の重要性を知っていたからこそ、自虐的な戦後教育を発案したのです。

私の持論は**「教育」こそが「情報戦」の基本**ということです。例えば、欧州のように日本の学校でマスメディアの欺瞞について教える機会があれば、日本人のメディアリテラシーは大きく向上するはずです。

近代日本の学校教育は、富国強兵政策が行われた明治時代初期にそのベースが作られており、自立した意識で自ら行動する学生よりも、軍人や労働者のように指示に対して従順な学生が賞賛される風潮が生まれました。さらに、後年の大東亜戦争で敗北したのを機に、より管理的な教育体制となり、そこにGHQが戦前、戦中の日本を「悪」とする思想を植え付けた結果、外国に対して卑屈で自虐的な日本人が増えたのです。

テストの成績や偏差値を評価基準とする現在の学校教育下では、サラリーマンや公務員のような、社会に対して従順な人物は数多く育つ一方、独立思考が強い人物や、社会を変えたいといった大きな気概を持つ人物は、異端視されて結果的に才能が開花しないという状況に陥りやすいのです。さらに厄介なのが、学校の先生たち自身が管理教育と偏差値教育の中のエリートなので、子供たちにも同じ志向で教育しようとしてしまうことです。

私たち参政党が、現行の教育体制下では評価されない、もしくは希望を見出せない子供たちが通えるフリースクールなどの選択肢を増やす政策を訴えるのはこのような背景を考えてのことです。

現行の制度に合わない子供たちは、学校に通えなくなった場合にフリースクールや通信教育、塾などに通って勉強をするわけですが、その費用は全額保護者負担となります。それでは負担が重過ぎるので、フリースクールなどの学校を行政がサポートすることを提唱したいのです。もしくは、15歳くらいまでの子供には毎月10万円程度の教育クーポンを配布し、それを使って給食費を払えるようにしたり、フリースクールや塾などに使えるようにすれば、子供やその保護者の教育を受ける選択肢が増えます。

もはやステレオタイプの偏差値エリートを増やすだけでは、日本社会は支えられません。江戸時代の教育を支えた寺小屋のように、それぞれの地域の課題解決を考える人材を、それぞれの地域で育てなければなりませんし、国際的な社会の変化を捉えて日本の将来を考える人材を教師にしていかねばならない時期に差し掛かっています。

世界の情報戦を勝ち抜ける人材を育成するための教育を作る。明治維新の時と同じくらいのエネルギーで、大きな制度改革が必要なのではないでしょうか。

GHQによって教科書から消された日本神話・英雄伝

日本が情報戦に勝つ、その攻撃をはねのけるということは、国を守ることに繋がります。そして国を守るということには、領土や国民の生命・身体・財産を守ることにとどまらず、その国の尊厳や国体（体制や国柄）も守らねばならないと私は考えています。

しかし、戦後日本を占領したGHQは、日本の民主化を名目としながら日本人を再教育し、日本人が守るべき対象を見失うように仕向けたように思います。

手始めに、GHQは『ウォー・ギルト・インフォメーション・プログラム』という再教育計画を作成して、日本人に大東亜戦争に対する罪悪感を植え付け、共産主義的な思想を持つ人々を、日本教職員組合（日教組）や日本学術会議といった教育機関に所属させ、教育現場に送り込みました。

その結果、戦後の教育界では、軍事学や修身（道徳）だけではなく、神話や英雄伝も教えられなくなりました。

現在の日本の学校では、『古事記』や『日本書紀』を学ぶ機会が存在しません。子供たちの大半は、伊邪那岐命《いざなぎのみこと》と伊邪那美命《いざなみのみこと》の国産み神話や、天皇陛下の祖先とされる天照大御神《あまてらすおおみかみ》の天の岩戸神話を知らないのです。学校の課外授業で古事記の読み聞かせが企画された際、内容が宗教的と却下されたという話を聞いたこともあります。

さらに、偉人伝や英雄伝が学校で教えられる機会もありません。

英雄伝を子供たちに伝えることで、正しい意味での日本に対する誇りや愛国心が育成されると思うのですが、それが叶わないのです。

日本に限らず神話には、国家が成立した流れや国家に暮らす人々が学ぶべき教訓が物語形式で記されています。神話とは言わば国家のアイデンティティであり、骨組みになるものです。神話の喪失は国家の喪失と同等とも言えます。

英雄伝、偉人伝は、理想的な人物の行動を物語形式で記したものであり、子供たちが生き方や死生観を考える時のモデルになります。戦前、戦中の子供たちは、英雄伝、偉人伝を学んで、自分の将来像を思い描いたのです。

2007年の学習指導要領改正によって、「昔話や神話・伝承などの読み聞かせを聞くなどして、我が国の伝統的な言語文化に親しむこと」（小学校第一学年、第二学年「国語」）という一文が加えられたのですが、実際は、学校で日本神話や英雄伝、偉人伝が教えられる機会は、ほとんどありません。

教育で民族の根っこを絶つことが、その国を弱体化させることだと理解していたGHQの占領政策は、敵ながらあっぱれなものです。教育を変えること自体が情報戦でもあるわけですが、それを理解して失われたものを取り戻していくことで、我々は国として情報戦への耐性を高めていけると考えています。

家庭から教育を変えるべき

労働者の収入が年々減少しているにもかかわらず、日本では、高偏差値大学を卒業して公務員や大手企業に就職するのを最良とする「学歴神話」が残っています。さらに、少子化の影響で親は子供に対して過保護になる傾向があり、なるべく安定しそうなコースを進ませようとするのです。現在では、時給換算すれば、日本の大手企業で働くより外国でアルバイトをする方が稼げるという悲しい現実を多くの日本人が知りません。

このような風潮が続けば、日本人の自立思考はますます低下して、お金さえもらえたら黙って働くという人が増え、グローバルエリートが理想とする経済奴隷化が加速するでしょう。激動の時代を生き抜く行動力と、外国勢力と対峙する気概を持った日本人を育成するのは、現行の学校教育では非常に困難です。

学校教育が期待できないとすれば、家庭で教育するしかありません。親が子供に対して正しい日本の歴史や神話を教えることができれば、自虐的な思想から抜け出す機会になるでしょう。経済低迷や少子化など、現在の日本が抱えている問題を説明し、考えさせ、自ら学び行動させれば、自分で問題を解決する力が養われるでしょう。

もちろん、子供を教育するためには、親が相応の知識を身につけておく必要がありますから、普段から自分も学ぶ意識を持ってください。また、子供のロールモデルになるような人と関係を作り、子供たちと交流してもらうことも家族で取り組める教育です。

国まもりの意識を持つ

国政政党の政策では、一般的には国家を守る行為を「国防」・「安全保障」と表現するのですが、私たち参政党は「国まもり」と表現しています。

現代社会において相手を制圧するためには、軍隊や兵器を使って武力行使を行うよりも、情報の力でコントロールした方が遥かに迅速かつ効率的です。現代の戦争の本質は武力戦ではなく情報戦です。

そして、情報戦において外国勢力に圧倒されているのが、現在の日本です。残念ながら、多くの国民は平和ボケしてしまっているため、世界の仕組みを考えないし、知ろうともしません。

以前は国家を防衛するための要素として、政治・外交力、交渉と戦争抑止のための軍事力が重要な要素となりましたが、現在は情報の力が最も重要な要素となっているように感じます。国家力の増強＝防衛力の増強ですから、私をはじめとする参政党のメンバーは、情報戦の大切さを人々に伝えているのです。

仮に日本が何らかの形で外国勢力に支配された場合、どれほど相手に服従したとしても、相手が態度を軟化させることはありません。むしろ、相手は日本国民が領土を守る意思がないと考えて、確実に支配体制を強めます。強制労働や人身売買、相手の先兵となって第三国との戦いに参加させられるといった事態すら考えられます。

日本が主権や領土を奪われたら、全ての日本国民の生存権そのものが侵されます。そして、デジタル分野という領土を外国勢力に奪われつつあるのが、現在の日本なのです。

全てを「奪われる前に」防衛対策を考案しなくてはなりません。

しかし、現在の日本では他国のサイバー攻撃を未然に防ぐことが法的に不可能なのです。その要因は「専守防衛」の考え方で、こちらから先に仕掛けることを「悪」と考えるわけです。しかし、現行の体制下でも、サイバー攻撃は「武力行使」ではないと法律で明記した上で、サイバー攻撃に関する官民一体の情報共有や、サイバーセキュリティに対する費用を倍増させるといった対策は十分に可能です。

他にも防諜のためには、スパイ防止法の制定や国家による防諜マニュアルの配布などが考えられます。さらに、外国企業による日本企業買収を防ぐためには、法律で縛りをかけたり、経営危機に瀕している中小・零細企業に対する融資返済の延長などを行うという手法もあるでしょう。

現在は、行政自体がデジタル技術を外国に依存している状態であるため、海外プラットフォーマーの日本国内での活動に対する法規制は厳しくすべきです。また、投資国債などを活用して、日本のデジタル技術開発に対する予算を増額して、高性能なサーバ、クラウド機能、日本企業が運用するSNSなどが開発可能な環境を生み出すのです。

私たちの努力次第でできる国まもりはまだまだあります。

これからの日本人は「真の日本人」になる

欧米諸国の勢力は、「大侵略時代」以降、世界各国の人々を武力で押さえつけて植民地化し、その後は、奴隷取引や麻薬の販売、武器の売買で利益を得てきました。現在は、金融や法律、そして情報操作で世界を裏からコントロールしようとしています。彼らの世界観は数百年前から変わっておらず、商品や戦い方が変化しているだけなのです。

そして、数百年前から外国勢力の侵略を受け続けながらも、なんとか完全に支配されることなく立ち回り続けた世界で唯一の国が日本だと思います。先人たちは、外国からの圧力に耐えて日本を守り続けていましたが、現在は完全に屈する一歩手前の状態ではないかと危機感を募らせています。

外国勢力から日本を守るための一番の方法は、私たちが「真の日本人」になることです。デジタルの知識を身につけて外国勢力に対抗することは大切ですし、サイバー攻撃を防ぐために高度なプロテクト技術を習得するのも重要なことです。

しかし、それを機能させるためには、「日本人として自分の国を守らないといけない」

「家族や仲間を守らないといけない」という強い想いが、心の根幹にないといけないのです。

仮に高度な知識や技術を身につけていたとしても、この想いがなければ、外国勢力に利用されてしまうでしょう。知識や技術とは、それを何のために使うのかというポリシーが前提にあることで、初めて機能するのです。これから日本を守りたいと考えている人は、まずは同じ想いを持つ人とチームを作っていくべきです。

古来より、日本人は誰かを想ってきました。子供は親を想い、武士は主君を想い、子孫は亡くなった祖先を想い、そして日本人は国民のために祈り続ける天皇陛下を想い、敬い続けてきました。そして、常に誰かに見られているという意識を持って、恥ずべき人間にならないよう努力してきたのです。「お天道様が見ている」という言葉が、そのような日本人の精神性を象徴しているように感じます。

しかし、明治維新後、さらには大東亜戦争後から、外国勢力によって日本人の想いは破壊され続けてきました。神話や英雄伝・偉人伝など、日本の精神の根幹は封印されて、本来は収穫された新穀を神に奉って恵みに感謝する11月23日の「新嘗祭《にいなめさい》の日」は、「勤労感謝の日」という名称に変えられてしまいました。１６０年以上にわたる外国勢力の支配統治は非常に根深いのです。

現在の私は参議院議員として国政に携わっていますが、国のリーダーたちからこうした「想い」を感じることができません。本来ならば、日本の国益と国民の利益を考えるのが政治家の役割ですが、自分の保身のために所属政党の言いなりになり、あるいは外国勢力に対して忖度を行っているように感じるのです。

しかし、わずかではありますが希望が存在します。現在は、グローバリズムの浸透による反動から、世界各国でナショナリズムを訴える政党や政治家の支持率が高まりつつありますが、日本でも例外ではなく、愛国的な思想や意見を唱える若手政治家が出現しています。また、日本におけるマスメディアの影響力も低下しており、マスメディアが推奨する政治家が選挙で落選するといったこともめずらしくなくなりました。

グローバリズムの問題を指摘し、政府の政策やメディアの論調に正面から反対する参政党のような党が国政政党になっていること自体が、日本人の覚醒の萌芽とも捉えられます。我が国には過去にも困難な状況が何度もありました。危急存亡の時もあったでしょう。

しかし、日本は滅びずにここまで続いています。先人がやってきてくれたことを今度は我々がやる。そんな気持ちで、目の前の課題から逃げずに「我が事」として向き合っていきましょう。

デジタル主権奪還のため知っておきたいキーワード集

・DNSルートサーバ

インターネット上でURLの中のドメイン名という部分をインターネット上の住所にあたるIPアドレスに変換する最上位のサーバ群です。これが動かなければインターネットが機能しないという重要な存在で、世界に13個のみ存在します。この内10個はアメリカでさらにその内7個がアメリカの民間で管理されています。日本、オランダ、スウェーデンに1個ずつありますがアメリカのサーバなしではインターネット世界は成立できているとは言い難いのでここにも主権問題が隠れています。

・重要インフラ

国民生活や社会活動の基盤になっており、代替が極めて困難で、その機能が十分に果たせない状態になると国民生活や社会活動に無視できない影響を与える物理・仮想を問わないシステムの集合体です。具体的には電気、ガス、水道、インターネット、行政サービス、クレジット、物流、鉄道、空港、金融、医療、化学、石油、航空の14分野が我が国の重要インフラと定義付けられています。

・ＧＤＰＲ

個人のデータ主権を守るため、個人データの処理およびＥＥＡ域外への移転を行うための要件と処理・移転を行う者が遵守すべき規範・義務を定めた規則をＧＤＰＲと言います。

・個人データ

データ主体（自然人）に関する他者と識別可能なあらゆる情報を示します。氏名や住所だけでなく、位置情報、オンライン上のＩＤ（識別子）、社会的、経済的、遺伝的、精神的、生理的、身体的、文化的なアイデンティティ（自己を確立する要素）の一つまたは複数の組み合わせで直接的でも間接的でも識別できれば識別可能データと判断します。要するに本人に許可なく何かされないようにしようと、人間が活動してできたデータ全てを対象にしています。

・OSINT

合法的に入手できる資料を調べて突き合わせる手法で、インターネットだけでなく新聞やメディアからも収集します。1941年7月11日、戦略情報局（OSS）が世界中から新聞、雑誌、ラジオ放送のレポートを収集しオープンソースインテリジェンスを活用した「Coordinator of Information」という部門を設けたのが始まりと言われます。OSSは1945年の終戦の1カ月後に解散しましたが、後継の国務省情報調査局（INR）と独立した中央情報局（CIA）に引き継がれインテリジェンス業務はすぐに再開され現代まで至ります。CIAも今や9割はGoogleからの収集と言われており、私たちは普段からスパイツールを触っているのかもしれません。

・イニシャル・アクセス・ブローカー

標的への不正アクセス手段を提供する存在を指します。自ら攻撃を実行する代わりにアクセス情報を販売することで攻撃の実行に伴うリスクを軽減し、代わりに情報収集の専門性の活用に集中します。

IDやパスワードの情報の他、高い技術力がない攻撃者であっても、攻撃が可能となる情報・ツールを提供しています。このため最近では、ランサムウェア・アズ・ア・サービス（RaaS）がIABの顧客となっており、購入したアクセス権を活用することで、技術力がない利用者でもランサムウェア攻撃を仕掛けたり、データ侵害を実行したり、その他の悪意のある活動を行ったりすることができるようになるため一定の需要を獲得しています。

・マネーミュール（Money mule）

犯罪と知らずに不正資金の送金を代行し、資金洗浄に加担してしまう者、またはその手法のこと、いわゆる運び屋です。闇バイトでいつの間にか資金洗浄に加担していることもあり恐ろしいことです。大人がしっかり子供を加担者にしないように守らねばなりません。

・タリン・マニュアル

サイバー戦争に関する国際法の適用についてまとめた指針書でありサイバーの国際法と言えばこのドキュメントを指します。

国家や組織のサイバー空間での行動規範として、国家間のサイバー攻撃が増加する中、既存の国際法がどのように適用されるか、平時のサイバー活動はどのようにすべきかが記載されています。このマニュアルは、2007年のエストニアに対する大規模サイバー攻撃を契機として作成が進められました。エストニアの情報は現在地理的にはルクセンブルクにて管理されています。以下の規則はデジタル主権を語る上で重要なため抜粋します。

規則1　国家主権の原則は、サイバー空間においても適用される

規則10　国家は次のサイバー行動に関して域外立法管轄権を行使することができる

▼自国民によってなされたもの

▼自国籍を有する船舶及び航空機内でなされたもの

▼外国人によってなされ、根本的な国家利益を重大に侵害することを意図したもの

規則32　国家による平時のサイバー防諜はそれ自体は国際法に違反しない

・NISC（内閣サイバーセキュリティセンター）

日本政府内のサイバーセキュリティを統括する組織として2015年1月に設立しました。官公庁や民間企業へのサイバー攻撃対策を指導し、国全体の情報セキュリティ向上を目指しています。内閣官房の一部として運営されています。

・NSC（国家安全保障会議）

日本の外交・安全保障政策を決定するための重要会議。総理大臣や主要閣僚が出席し、国家の安全に関わる緊急課題を迅速に判断する場。2013年に設置され、防衛・安全保障政策を一元化されています。

・CSIRT（Computer Security Incident Response Team）

組織や企業がサイバー攻撃や情報漏洩などのインシデントに迅速かつ適切に対応するために設置される専門チームです。システムの被害分析と判断、止血・復旧指揮、再発防止策の策定が主な役割です。

・JPCERT／CC（Japan Computer Emergency Response Team Coordination Center）

日本の代表的なサイバーセキュリティ事故対応機関です。企業や組織からの相談を受け付け、インシデント対応や情報共有を行います。国内外のセキュリティ機関と連携することができ被害拡大防止を支援します。フィッシングサイトを見つけた場合などに報告する先としても有名です。

・サプライチェーン

サービスが利用者に届くまでの流れや仕組みを指します。特に物理的な商品を扱う場合、メーカー、配送業者、販売業者などが連携して成り立つため関係性が脆いところを攻撃者に悪用される可能性があります。

・アイランドホッピング攻撃

小規模な関連企業や取引先を足掛かりに、最終的な標的を攻撃する手法です。直接攻撃が難しい大企業に対する裏道として近年悪用が増えています。取引先など信頼関係が逆手に取られ対策を推進することが困難である場合も多くあります。また子会社などでは親会社のレベルに値する対策を実施する予算も人員も足りないのが現実です。

・ランサムウェア・アズ・ア・サービス（RaaS）

ターゲットに対してランサムウェアを展開し、アフィリエイトに支払いを強要するというサービスを請け負うプラットフォームです。リスク回避の観点から初期アクセスの獲得と、データ侵害と2段階の攻撃で行われることが一般的であり、サービスもそのような提供形態をなしているのが一般的です。アフィリエイトへの支払いには、ランサムウェアキットがサブスクリプションか定額払い切りかで選択が可能です。

・インシデント

システムの保安上の危機、喪失、破壊、中断、阻害が発生し得る事態のことです。この時点の運用管理や判断を間違えると不可逆なアクシデント（事件・事故）となってしまいます。インシデントの対応に成功すれば当事者間の間で問題を収束させることが可能となります。

・BCP（事業継続計画）

災害や事故などの非常事態が発生した際に、重要な業務を継続・早期復旧させるために平時から策定しておく計画です。ビジネスインパクト分析やリスク対策の実施を通じて、事業継続に本当に必要な要素やプロセスを掬《すく》い企業の被害最小化を目指すべく計画します。企業の危機管理体制の中核となります。

・ソーシャル・エンジニアリング

心理操作のテクニックを使って標的の信頼を獲得し、個人情報を漏らさせたり、WEBリンクをクリックさせたり、悪意のある電子メールの添付ファイルを開かせたりするサイバー攻撃の一種です。サイバー犯罪者は、ソーシャル・エンジニアリングのテクニックを活用して、信頼できる情報源にアクセスできる正当な個人であるかのように装います。

・フィッシング

釣りのフィッシングをもじって、被害者を釣り、陥れる行為を指します。メールのイメージが強いですがそれに限りません。ネットを使ったオレオレ詐欺と考えた方が正しく対処ができます。メールに引っかかりやすいターゲットの状態を見極めて、繁忙期や1人で判断しなければならない状況などに届きます。

・マルウェア

コンピュータ使用者の意図しない動作を引き起こすソフトウェアです。目的に応じてスパイウェア、ランサムウェアなどと呼ばれます。情報の盗難やシステムの破壊の他、対応の撹乱を狙うものもあります。1つの事象の対応が終わったからといって油断せず他に異常がないか確かめる習慣が求められます。

・ボット

ネットワーク上で自動的に動作するプログラムです。正規用途でも作業の効率化に使われますが、攻撃者には攻撃の自動化に利用されＤＤｏＳ攻撃などを行うこともあります。感染した端末がボットになり内部や他の組織に向け攻撃し始める場合があります。

・標的型攻撃

特定の個人や組織を計画的に狙うサイバー攻撃です。メールなどコミュニケーションツールが入口になることが多いですが、内部からの情報提供も併せて組織のシステムやリテラシーの低い人や状況を掴んで確実性が高い攻撃を十分に期間をかけて行うため対策は困難です。

・ＩｏＣ（Indicator of Compromise）

セキュリティが侵害された痕跡を示す情報や証拠のことです。他組織から共有されたＩｏＣを活用することでハッキングの兆候を検出し、迅速に対応するために使用することができます。

・ブロックチェーン

仮想通貨ビットコインで使用されているのがあまりに有名ですがそれに限りません。ブロックチェーンとは「ブロック」と呼ばれるネットワーク内で発生した取引の記録と1つ前に生成されたブロックの内容を示す、「ハッシュ値」と呼ばれる値をセットにしたデータを時系列に沿って繋げる（チェーンにする）ことで変更・消去・改ざんを困難にしたネットワーク型の記録管理技術です。分散共有台帳管理とも言われます。分散共有を実現する技術がP2Pネットワーク、変更・消去・改ざんを困難にする技術がハッシュや電子署名、そして不特定多数の参加者の間で正しく合意形成を得るために取引情報に食い違いが出ないよう検証するための仕組みを実現するためにコンセンサスアルゴリズムが活用されています。

・量子コンピューティング

「量子重ね合わせ」や「量子もつれ」といった量子力学の現象を利用して並列計算を実現する技術です。日本はこの分野で世界をリードしています。NTTや東芝などが盗聴検知や完全なセキュリティを実現する量子鍵配送技術を開発し量子暗号通信の実用化を進め、金融やインフラのデータ保護に応用されています。政府も研究支援を強化し国まもりの分野への展開が期待されます。量子暗号化は日本の技術力を高めることで安全な社会を築く鍵となり得ます。

・ポートスキャン

ネットワーク上からどのサービスが使われているか、アクセス可能かなどの情報を収集する行為、自組織にも環境の把握や点検目的で実施する場合があります。

・クラウド・コンピューティング

主に仮想化技術を活用してストレージ、サービス、サーバなどを共有化して利用者に提供する活用方法を指します。

・サーバ

特定の目的のサービスを提供することに特化した端末のことです。物理的に分かれていると は限らず、WEBサーバ、データベースサーバ、メールサーバなどが共存することもあります。

・サイバー

人間に代替する目的で設計される電子システムを示した言葉と言われています。どんなシステムも元は人が作ったものであり意図があることを忘れてはなりません。

・SCADA

主に制御システムでコンピュータでシステム監視とプロセス制御を提供するシステムです。

・VPN

第三者から影響を受けない仮想の専用線を構築する技術です。これにより盗聴やデータ改ざんのリスクから通信を保護できます。ただし、あくまで通信の過程が保護されるだけなので、通信元本体のパソコンが侵害されている場合や通信相手の環境が侵害されている場合は安全とは言えません。

・SOC

ログを監視・分析、問題を検知・連携する業務を担う部門です。

・アタックサーフェスマネジメント（ASM）

組織の外部（インターネット）からアクセス可能なIT資産を発見し、それらに存在する脆弱性などのリスクを継続的に検出・評価する一連のプロセスです。

・OS

利用者のオペレーション（操作）をコンピュータが処理できるように仲介するソフトウェア。マウス操作やキーボードの打鍵がパソコン上に表現され処理されるのはこのOSのおかげです。パソコンだとWindowsやmacOS、スマホだとAndroidやiOSなどであれば聞いたこともあるのではないでしょうか。

・SSO（シングル・サイン・オン）

1回の認証で複数のシステムにログインするための仕組みです。業務で多数のシステムやサービスを使用することが一般的になった現代企業の業務ではシステムごとに異なるIDとパスワードを覚えることは現実的ではなく非効率です。多数の管理になるほど複雑強固なセキュリティレベルを保つことが必要になります。

デジタル貿易に関する日本国とアメリカ合衆国との間の協定の説明書（外務省）

一　概説

1　協定の成立経緯

平成三十年（二千十八年）九月の日米首脳会談における日米共同声明を踏まえ、我が国及びアメリカ合衆国は、平成三十一年（二千十九年）四月に行われた第一回閣僚協議において、デジタル貿易協定の締結に向けた交渉を開始することについて一致した。これを受け、両国間で交渉を行った結果、協定案文について最終的合意をみるに至ったので、令和元年（二千十九年）十月七日にワシントンにおいて、我が方在アメリカ合衆国杉山大使と先方ライトハイザー合衆国通商代表との間でこの協定の署名が行われた。

2　協定締結の意義

この協定の締結によって、我が国とアメリカ合衆国との間のデジタル貿易が促進され、両国間の経済的な結び付きがより強固になることを通じ、両国間の貿易が安定的に拡大し、ひいては自由で開かれた国際経済の発展につながることが期待される。

二　協定の内容

この協定は、前文、本文二十二箇条及び末文から成っている。それらの概要は、次のとおりである。

1　協定における用語の定義について定める（第一条）。

2　協定の適用範囲について定める（第二条）。

3　一般的例外について定める（第三条）。

4　安全保障のための例外について定める（第四条）。

5　信用秩序の維持のための例外並びに金融政策及び為替政策のための例外について定める（第五条）。

6　第八条の規定を除くほか、この協定のいかなる規定も、租税に係る課税措置については、適用しないこと等を定める（第六条）。

7　いずれの締約国も、一方の締約国の者と他方の締約国の者との間の電子的な送信に対して関税を課してはならないことを定める（第七条）。

8　いずれの一方の締約国も、他方の締約国の領域において創作等されたデジタル・プロダクトに対し、他の同種のデジタル・プロダクトに与える待遇よりも不利な待遇を与えてはならないこと等を定める（第八条）。

9　各締約国は、電子的な取引を規律する法的枠組みであって、千九百九十六年の電子商取引に関する国際連合国際商取引法委員会モデル法の原則に適合するものを維持すること等を定める（第九条）。

10　締約国は、自国の法令に別段の定めがある場合を除くほか、署名が電子的な形式によるものであることのみを理由として当該署名の法的な有効性を否定してはならないこと等を定める（第十条）。

11　いずれの締約国も、情報の電子的手段による国境を越える移転が対象者の事業の実施のために行われる場合には、当該移転を禁止し、又は制限してはならないこと等を定める（第十一条）。

12　いずれの締約国も、自国の領域において事業を実施するための条件として、対象者に対し、当該領域においてコンピュータ関連設備を利用し、又は設置することを要求してはならないこと等を定める（第十二条）。

13　いずれの締約国も、対象金融サービス提供者が当該締約国の領域外において利用し、又は設置する金融サービスのコンピュータ関連設備において処理される情報等に対し、当該締約国の金融規制当局が、規制等を目的として、迅速、直接的、完全及び継続的なアクセスを認められる場合には、対象金融サービス提供者に対し、当該締約国の領域において事業を実施するための条件として、当該領域において金融サービスのコンピュータ関連設備を利用し、又は設置することを要求してはならないこと等を定める（第十三条）。

14　各締約国は、オンライン上の商業活動を行う消費者に損害を及ぼし、又は及ぼすおそれのある詐欺的又は欺まん的な商業活動を禁止するため、消費者の保護に関する法律を制定し、又は維持すること等を定める（第十四条）。

15　各締約国は、デジタル貿易の利用者の個人情報の保護について定める法的枠組みを採用し、又は維持すること等を定める（第十五条）。

16　各締約国は、要求されていない商業上の電子メッセージの提供者に対し、受信者が当該要求されていない商業上の電子メッセージの現に行われている受信の防止を円滑に行うことができるようにすることを要求する措置等を採用し、又は維持すること等を定める（第十六条）。

17　いずれの一方の締約国も、他方の締約国の者が所有するソフトウェアの一方の締約国の領域における輸入等の条件として、当該ソフトウェアのソース・コードの移転等又は当該ソース・コードにおいて表現されるアルゴリズムの移転等を要求してはならないこと等を定める（第十七条）。

18　いずれの締約国も、コンピュータを利用した双方向サービスによって保存等される情報に関連する損害についての責任を決定するに当たり、当該コンピュータを利用した双方向サービスの提供者又は利用者を情報コンテンツ・プロバイダとして取り扱う措置を採用し、又は維持してはならないこと等を定める（第十八条）。

19　両締約国は、コンピュータの安全性に係る事象への対応について責任を負うそれぞれの権限のある当局の能力を構築すること等を行うよう努めること等を定める（第十九条）。

20　締約国は、自国が政府の情報を公衆により利用可能なものとすることを選択する限りにおいて、政府の情報が機械による判読が可能であること等を確保するよう努めること等を定める（第二十条）。

21　いずれの締約国も、暗号法を使用する情報通信技術産品の製造等の条件として、当該情報通信技術産品の製造者等に対し、暗号法に関連する財産的価値を有する情報を当該締約国に移転すること等を要求してはならないこと等を定める（第二十一条）。

22　協定の改正、効力発生及び終了について定める（第二十二条）。

三　協定に関連して作成された文書（デジタル貿易に関する日本国とアメリカ合衆国との間の協定第十八条の規定に関する日本国政府とアメリカ合衆国政府との間の交換公文）

日本国及びアメリカ合衆国は、日本国の特定電気通信役務提供者の損害賠償責任の制限及び発信者情報の開示に関する法律が協定第十八条（コンピュータを利用した双方向サービス）の規定に反しないこと及び日本国がコンピュータを利用した双方向サービス提供者の責任を規律する自国の現行の法制を同条の規定を遵守するために変更する必要はないことを合意すること等を定める。

四　協定の実施のための国内措置

この協定を実施するためには、新たな立法措置及び予算措置を必要としない。

あとがき

皆さんは、国を守るという話をする時に、デジタルのプラットフォームを守る、デジタル主権を守るという感覚はお持ちだったでしょうか。私も勉強する前はデジタルのことには無頓着でしたが、ネット空間にも領土があると理解できると、他人の土地を使うのには確かにお金を払わねばならないという理屈が分かりました。そして、人の土地を使い続ける限りどんどんとお金を払わなければいけなくなることも。

また、情報の管理を怠れば、どんどんと情報は流出し、他のビジネスに流用されたり、その情報を使って管理されたり、脅迫されることも考えられます。

「富を奪われて管理される」。それではまさにかつての植民地と同じ状態です。日本のデジタルプラットフォームが海外に依存しているということは、デジタル空間の主権を放棄しているのに等しいと言っていることの意味を、本書を通じて理解いただけたでしょうか。

そしてさらに恐ろしいことは、国民が気づかないのを良いことに、日本政府が主導して、国民の情報を海外企業に渡している可能性があるということです。そう捉えると、デジタル主権の問題はグローバリズムの話に繋がっていくと思えたので、本書に記した内容をまとめて本にすることにしたのです。グローバリズムのことは、他の著書でも繰り返し書いてきましたが、デジタルの分野でも同じ構図が当てはまるとなると、政治を行っていくのに避けては通れないテーマだと感じます。本書の中でも述べたグローバリズムやグローバルエリートの活動をどれだけ多くの国民の皆さんに理解してもらえるかが、今後の私の活動の大きなテーマです。

食の問題、薬の問題、戦争ビジネス、移民問題、マスメディアの問題、外資規制の問題と、どれを考えるにもグローバリズムの背景を理解しないと話がかみ合わなくなります。欧米ではグローバリズムの課題を訴える政党が増えてきていますが、日本ではまだ参政党しかこの問題を強く訴えていません。訴えていないどころか、逆に「陰謀論」とレッテル貼りすらされます。そこでなぜそうなっているかを説明するために前著でまとめた「情報戦」の話を追記しました。武器を使って争う戦いよりも、経済や情報を使って争う戦いが中心になっている世界ですから、その一つの戦場であるデジタル戦争についても皆さんの意識を向けてもらえればと思います。

私たちはデジタル社会の恩恵を受けていますが、そこには大きなリスクも存在していることを肝に銘じておきましょう。そして、そのリスクから皆さんの家族や会社、そして日本という国家を守る方法を我々は共に考えていきたいです。

これからの戦いの主戦場は、デジタル戦争のフィールドではないかと感じています。日本は劣勢ですが、だからこそ教育からしっかり立て直して、盛り返していきたいと思います。一緒にやっていきましょう。

神谷 宗幣

令和七年一月

【参考文献】

サイバースペースの地政学（早川書房）小宮山功一朗・小泉悠著
企業家としての国家―イノベーション力で官は民に劣るという神話―（薬事日報社）マリアナ・マッツカート著　大村昭人訳
新領域安全保障―サイバー・宇宙・無人兵器をめぐる法的課題―（ウェッジ）笹川平和財団新領域研究会［編］
起業の天才！―江副浩正　8兆円企業リクルートをつくった男―（東洋経済新報社）大西康之著
マイナ保険証の罠（文藝春秋）荻原博子著
「マイナンバー」が日本を壊す（集英社インターナショナル）斎藤 貴男著
マイナンバーから改憲へ―国会で50年間どう議論されたか―（現代書館）大塚英志著
マイナンバー法の逐条解説（有斐閣）宇賀克也著
ゼロ知識証明入門（翔泳社）トーマツ（岸純也　清藤武暢）著

神谷 宗幣（かみや そうへい）
参議院議員・参政党党首
1977年福井県生まれ。関西大学卒業後、29歳で吹田市議会議員に当選。2010年「龍馬プロジェクト全国会」を発足。2013年ネットチャンネル「CGS」を開設し、政治や歴史、経済をテーマに番組を配信。2020年、「参政党」を結党し、世の中の仕組みやあり方を伝えながら、国民の政治参加を促している。2022年に参議院議員に当選。著書に『子供たちに伝えたい「本当の日本」』、『情報戦の教科書』、共著に『日本のチェンジメーカー～龍馬プロジェクトの10年』、『国民の眠りを覚ます「参政党」』、『新しい政治の哲学』、『参政党ドリル』（青林堂）など多数

デジタル戦争の真実

令和7年2月11日　初 版 発 行
令和7年3月 3 日　第2刷発行

編　者　神谷 宗幣
協　力　参政党政策チーム
発行人　蟹江幹彦
発行所　株式会社　青林堂
〒150-0002　東京都渋谷区渋谷3-7-6
電話　03-5468-7769
装　幀　（有）アニー
印刷所　中央精版印刷株式会社

Printed in Japan

ISBN　978-4-7926-0775-3